빅데이터는
거품이다

빅데이터는 거품이다

대한민국의 빅데이터 유행을 말하다

김동환 지음

페이퍼로드
paperroad

차례

2장　오바마 대통령의 승리는 빅데이터의 승리였나?

프롤로그

빅데이터라는 광풍

언젠가부터 우리 사회에 빅데이터 바람이 불기 시작했다. 이명박 정부 후반쯤이었다. 녹색성장 정책의 약발이 다할 즈음 캐치프레이즈로 내걸었던 것이 빅데이터였다. 처음에는 평범한 바람이었는데, 얼마 가지 않아 걷잡을 수 없는 바람이 되어 휘몰아쳤다.

필자에게도 바로 빅데이터 열풍이 전달되었다. 처음에는 빅데이터라고 했지만 더 그럴싸해 보이는 '데이터 기반data-driven' 이라는 말도 유행했다. 데이터 기반이라는 말은 행태주의자들이 좋아하던 말이었다. 빅데이터라는 말은 새로운 말이었다. 무언가 해서 자세히 들여다보았다. 간단히 말해서 카카오톡이나 페이스북, 트위터 등에서 오고가는 수많은 메시지들을 분석해서 세상이 어떻게 돌아가는지 이해하고 나아가 미래까지 예측하겠다는 것이었다.

행태주의의 유령이 부활했다

데이터라는 말은 20세기를 풍미했던 행태주의자들에게 금과옥조와 같은 단어였다. 그런데 데이터라는 말의 약발은 1980년대를 정점으로 해서 그 힘을 잃어가고 있었다. 데이터 분석만 잘하면 사회가 움직이는 법칙을 밝혀낼 수 있다고 믿었던 행태주의 세력이 이미 쇠퇴하고 있었기 때문이다. 거의 오십 년을 넘게 행태주의자들이 수많은 연구를 했지만, 법칙이라고 할 만한 것은 발견하지도 증명하지도 못했다.

상식적으로 너무나 뻔한 '종업원의 임금 수준이 높으면 사기가 올라가고, 사기가 올라가면 생산성이 높아진다'는 명제조차도 오십 년이 넘은 행태주의behavioralism 연구를 통해 입증되지 못했다. 저명한 조직이론가인 윌리엄 스타벅William H. Starbuck은 2009년도에 발표한 논문 「The constant causes of never-ending faddishness in the behavioral and social sciences」에서, 지난 100여 년간 행태주의 사회과학에 있어서 지식의 축적은 거의 일어나지 않았으며, 오직 '지적 유행intellectual fashion'만이 반복되어 왔을 뿐이라고 비판하고 있다.[1]

빅데이터라는 말을 듣는 순간 필자의 머리에는 이런 생각이 스쳐 지나갔다. '수십 년 동안 학계를 지배하고도 아무런 성과를 내지 못하자 빅big이라는 괴물 같은 용어를 붙여서 또 해먹으려는 구나.' 사람들은 '큰 것the big'을 좋아한다. 키도 크면 좋겠고, 집도 크면 좋겠고, 차도 크면 좋겠다고 생각한다. 그리고 큰 것을 소유하지 못했을 때 콤플렉스에 빠진다. 큰 것은 승자를 의미하고, '작은 것the small'은 패자를 의미한다. 이런 콤플렉스에 의지해서, 행태주의 유령이 빅데이터라는 옷으로 치장하여 다시 등장한 셈이다. 실제로 빅데이터 시장에서 활약하는 사업자들은 기존의 행태주의의 방법론을 이끌었던 통계 패키지 회사와 여론조사 회사들이다.

말도 안 되는 이야기였다. 지난 오십 년간 행태주의가 어떤 성과를 거뒀는지 아는 학자라면 빅데이터의 마술에 넘어갈 리가 없었다. 필자는 당연히 빅데이터 열풍은 얼마 가지 못하리라고 생각했다. 빅데이터의 실체를 아는 사람이라면 빅데이터가 미래를 기가 막히게 예측할 것이라든지 아니면 빅데이터가 거대한 산업을 일으킬 것이라고 믿는 일은 없을 것이라고 생각했다. 그리고 실제로 빅데이터 분석에 참여했던 사람들과 이야기를 나누어보면 필자의 생각이 틀리지 않았음을 확인할 수 있었다.

모르면서 아는 척, 알면서 모르는 척

필자는 학술 세미나 또는 정부기관 회의에 참석할 때마다 빅데이터 이야기가 나오면 빅데이터에 대해 비판적인 말을 했다. 우리나라의 미래를 위하여 빅데이터 산업에 과감하게 투자해야 한다는 주장에 대해, 필자는 빅데이터 산업의 성공 가능성이 희박하다는 점을 지적하면서 비판하였다. 이건 당연한 일이었다. 그런데 참 묘하게 흘러갔다. 나의 행동은 당연한 일이 아니었다.

가만히 보니 빅데이터 비판론자는 나 혼자였다. 아무도 빅데이터를 비판하지 않았다. 이상한 일이었다.

빅데이터 열풍은 이상하게도 사라지지 않았다. 잊을 만하면 다시 불었다. 다시 불 때마다 빅데이터는 열풍에서 태풍으로 그리고 광풍으로 그 세력을 키웠다. 그저 한때의 유행이니 '조만간 사라지겠지'라고 믿었던 필자의 생각은 보기 좋게 빗나갔다. 이명박 정부에서 시작된 열풍은 박근혜 정부로 넘어가서도 이어졌다. 보통 이런 종류의 유행은 정권이 바뀌면서 사라지기 마련인데, 이상하게도 빅데이터 열풍은 광풍으로 발전했다.

어느 사회에나 유행이라는 것은 있을 수 있다. 지식인 사회에도 유행이 있다. 하지만 대부분의 유행은 유행으로 끝난다. 어느 정도 시간이 흐르면 사그라든다. 그런데 빅데이터 광풍은 잦아들 기미가 보이지 않는다.

우리나라에 빅데이터가 본격적으로 도입된 것은 2011년 11월 7일 이명박 대통령이 참석한 국가정보화전략위원회부터였다. 이후 빅데이터는 거칠 것 없이 대한민국 사회에 퍼져나갔다. 단

2개월 만에 빅데이터는 2011년도를 대표하는 핵심 키워드로 자리 매김하였다.[2] 2012년 1월 31일 『KBS』의 시사 프로그램 〈시사기획 창〉은 다큐멘터리 '빅데이터, 세상을 바꾸다'를 내보낸 이후, 2012년 9월 11일에는 '빅데이터, 비지니스를 바꾸다'를 방송했다. 또한 『KBS』의 라디오는 2015년 1월부터 지금까지 〈빅데이터로 보는 세상〉이라는 프로그램을 방송하고 있다. 이미 빅데이터는 우리 시대의 문화 코드인 셈이다.

더 나아가 빅데이터 열풍은 제도화의 단계로 접어들었다. 미래창조과학부와 정보화진흥원은 2014년 '빅데이터 센터'를 설립하였으며, 같은 시기에 서울대에는 '빅데이터 연구원'이 설립되었다. 또한, 언론 보도에 의하면 국민대, 이화여대, 부산대, 고려대, 성균관대, 서울여대, 단국대 등에서 빅데이터 관련 전공을 개설하려는 움직임을 보이고 있다.[3] 왜 이런 현상이 벌어지고 있는가?

빅데이터 열풍의 근원에 관하여 고심하던 필자는 하나의 결론에 도달하였다. 우리 사회의 지식인이 타락했다는 것이다. 빅데이터 바람이 불어오는 근원에는 지식인들이 있었다. 그 바람을 광풍으로 과장하는 사람들도 지식인이었고, 그 바람의 근거가 불분명하다는 것을 알면서도 아무 말도 하지 않는 사람들도 지식인이었다. 어찌 보면 나도 그런 지식인들 중 하나였다.

빅데이터와 관련하여 두 가지 부류의 지식인이 있다. 첫 번째는 모르면서 아는 척하는 지식인이다. 빅데이터가 무엇인지도 잘 모르면서 구글을 비롯한 미국 지식인들이 빅데이터가 중요하다고 하니까 따라서 빅데이터가 중요하다고 목소리 높이는 지식인이다. 이런 지식인들은 자신이 주장하는 이론이나 정책이 정말로 타당한지에는 관심이 없는 것 같다. 이런 지식인들이 우리 주변에는 굉장히 많다.

지난 수십 년 동안 우리나라는 선진국을 모방하면서 발전했다. 이런 과정에서 지식인들은 스스로 고민하여 지식을 만들어내기보다는 선진국 특히 미국의 학자들이 말하는 것을 수입하기에 급급하였다. 우리나라의 정책을 만드는 공무원들도 마찬가지였다. 새로운 정책을 만들기 위한 필수 요건은 비슷한 정책이 선진국에서 시행되고 있는지 확인하는 것이었다. 선진국과 우리가 같은 여건인지는 중요하지 않았다. 선진국이 도입하지 않은 정책은 위험한 정책이었다. 이러한 상황에서 미국의 오바마 대통령이 '빅데이터 연구개발 계획Big data R&D initiative' 정책을 시행했다는 것은 결정적이었다. 미국 정부가 중요하다고 하는 빅데이터를 의심하는 사람은 이상한 사람 취급을 받았다.

두 번째로 흔한 지식인은 알면서 모르는 척하는 지식인이다. 한번이라도 빅데이터 분석을 해봤다면, 빅데이터가 거품이라는 사실을 모를 수 없다. 물론 빅데이터 프로젝트를 수행하는 많은 학자들이 자신이 직접 분석하기보다는 대학원생들을 동원하여 분석하고 결과만 보고받기도 한다. 그렇다고 하더라도 빅데이터 프로젝트에 참여해본 사람이라면 빅데이터의 한계를 모를 수 없다. 하지만 많은 지식인들이 빅데이터의 한계를 모르는 척한다.

우리나라의 지식인들은 자신이 경험한 깨달음이나 자신이 경험한 한계를 잘 말하지 않는다. 자신의 경험이 진짜인지 아닌지에 대한 확신이 없기 때문이기도 하지만, 자신의 경험을 그대로 이야기해본 경험이 별로 없기 때문이기도 하다. 미국의 유명한 학자들의 이야기를 하는 것이 안전하지, 괜스레 자신의 경험을 이야기하다가 봉변을 당할까 두려워한다. 자신의 경험이 틀릴지 모른다는 두려움만이 아니다. 우리 사회의 주류를 형성하고 있는 첫 번째 지식인들을 비판해봐야 일생에 도움이 되지 않는다는 사실을 알기 때문이다. 작게는 자문 회의나 세미나에 초대받지 못하지만, 중요하게는 각종 프로젝트에 참여하기 어렵게 되며, 크게는 우리 사회에서 지식인으로 출세하기 어렵게 된다.

이렇게 타락한 지식인들에 의해 빅데이터는 단순한 유행을 넘어서 거침없는 바람이 되어 우리 사회를 흔들어놓았다. 우리의 지식인들은 빅데이터에 중독되었다.

단적인 예를 들어 보자. 최근 한 케이블 방송에서 인공지능에 대한 유발 하라리Yuval Noah Harari의 강연을 중계해주었다. 많은 분들이 하라리를 이야기하던 터라, 관심 있게 보았다. 그의 얼굴은 순수해 보였고, 어린아이 같이 말에 꾸밈이 없었다. 그런데 한국인 토론자 중에 한 분이 뜬금없이 빅데이터를 말했다. 빅데이터에 대한 환상이었다. 오바마 대통령의 빅데이터 선거팀이 자신의 배우자에 대해서 자신보다 더 잘 안다는 것이었다. 그 말을 듣고 경악할 수밖에 없었다. 그분의 배우자가 미국의 유권자라고 하더라도, 오바마 선거팀이 그분의 배우자에 대해서 알고 있는 정보는 기껏해야 한두 페이지에 불과할 것이다. 빅데이터에 대한 환상이 얼마나 컸길래, 평생을 같이 산 자신의 배우자에 대해서 미국 대통령의 빅데이터팀이 자신보다 더 잘 안다고 그토록 진지하게 말할 수 있을까? 이 정도면 빅데이터에 대한 맹신을 넘어서 중독이라고 해야 할 것이다.

삶이 고단한 사람들이 마약에 중독되어 나락에 빠지는 것은 오히려 측은한 마음으로 이해할 수 있다. 하지만 우리나라의 엘리트라는 사람들이 빅데이터라는 마약에 중독되어 자신이 무슨 말을 하는지도 모르면서 떠드는 모습은 답답함을 넘어 절망감에 이르게 한다. 이제 우리 지식인들이 대오각성해야 할 때이다. 대오각성이라고 해서 무슨 대단한 일을 하자는 것이 아니다. 조금 더 솔직할 필요가 있다는 것이다.

자격증 사회와 '사이비'의 득세

필자가 빅데이터를 비판하면, 빅데이터를 옹호하는 사람들은 종종 당신이 그런 비판을 할 자격이 있느냐고 물어본다. 대놓고 질문하지는 못해도 그런 뉘앙스를 풍기곤 한다. 무언가에 대해서 말을 할 때 자격이 필요한 것은 아니지만, 우리 사회에서는 자격을 따지곤 한다. 그렇기 때문에 우리 사회는 개방적 사회라고 할 수 없다.

학술대회에서 발표하려면 자격이 필요하다. 원래 학술대회라는 것은 그 주제에 대해서 관심이 있고 학문적인 이야기를 할 수 있는 사람이라면 누구나 다 참여하고 발표할 수 있는 장이어야 한다. 하지만 우리 사회에서 이러한 개방성은 엄격히 제한된다. 특히 이공 계통보다 인문·사회과학 계통에서 그 폐쇄성이 더 심하다. 우리나라 학술대회에서 발표하려면 교수라는 자격이 필요하다. 하다못해 박사 학위라도 있어야 발표할 수 있다. 학회 회원이어야 한다는 자격 기준을 내세우다 보니, 다른 전공자는 발표할 수 없다. 이른바 다학문적 소통 혹은 통섭은 원천적으로 배제되어 있는 셈이다.

우리 사회는 왜 이런 자격증 사회가 되었는가? 자격증 사회는 '사이비'와 깊은 관련이 있다. 사이비들이 너무 많다 보니, 자격증이라는 진입장벽을 만들어서 사이비를 억제하려고 하였다. 그런데 가만히 생각해보면, 자격증이라는 제도가 오히려 사이비를 양산하는 제도로 변질되었다. 자격증이라는 제도가 사이비 집단에게 안전한 울타리를 제공하기 때문이다. 자격증은 없지만 본질을 꿰뚫고 있는 사람들을 차단할 수 있는 것이 자격증 제도이다. 자격증이라는 울타리 안에서 보호받는 사이비들은 서로가 서로를 적당히 봐주기도 한다. 사이비끼리는 치열한 경쟁이나 공격을 금기시한다. 본질을 이야기하면 자신이 없기 때문이고, 본질을 가지고 싸우다 보면 사이비성이 드러나기 때문이다. 이렇게 사이비를 억제하려고 만든 자격증 사회가 거꾸로 사이비를 양산하고 사이비를 보호하는 울타리가 되어버린 세상. 그것이 바로 지금 우리가 살고 있는 사회 아닌가?

당구책 저자인 나도 자격은 있다

그럴지라도 필자에게 자격이 있는가에 대한 질문에 답을 하고 싶다. 필자는 자격이 있다고 생각하기 때문이다. 필자의 자격으로 크게 두 가지를 말하고 싶다. 첫째는 빅데이터에 대해서 안다는 점이고, 둘째로 필자는 사이비가 아니라는 점이다.

첫째, 필자는 빅데이터에 대해서 어느 정도 알고 있다. 물론 필자는 빅데이터 자격증을 가지고 있지 않다. 하지만 필자는 대학원 과정을 다니면서 통계 프로그램을 만든 적이 있다. 많은 사회과학자들이 통계 프로그램 사용법을 익히고 그것을 자랑스러워 할 때, 필자는 통계 소프트웨어를 만들었다. 그러니 빅데이터 분석의 바탕이 되는 통계학에 문외한은 아닌 셈이다.

그리고 필자는 빅데이터와 관련되어 자주 이야기되는 인공지능 공부를 일찍부터 했다. 인공지능의 창시자 중 한 사람인 허버트 사이먼Herbert A. Simon은 행정학의 대가이기도 했다. 행정학을 공부하던 필자는 사이먼에게 매료되어 그의 의사결정 이론과 인공지능 이론을 파고들었다. 그러다 보니 1980년대 후반에 전문가 시스템은 물론이고 신경망 이론까지 공부했다. 그냥 공부한 것이 아니라, 전문가 시스템을 활용해서 컴퓨터 시뮬레이션을 수행하고 그 결과를 가지고 한국 행정학보에 논문으로 발표하기도 했고, 신경망과 시스템 다이내믹스를 결합하여 의사결정 과정을 시뮬레이션하여 세계 학회에서 발표하기도 했다.

둘째, 필자는 사이비가 아니다. 학문을 하되 현학적인 학문이 아니라 현실과 연결되는 학문을 하고자 하였다. 컴퓨터 시뮬레이션과 정책학의 연결에 한계가 있다는 것을 깨닫고 나서, 필자는 직관적인 분석 방법인 '시스템 사고systems thinking'를 정책학에 연결시키고자 하였다. 2004년도에 출간한 『시스템 사고』(2004)라는 책은 그 결과를 정리한 것이며, 현재 학부에서 '정책시스템 이론'이라는 과목을 열어서 정책에 대한 시스템 사고를 가르치고 있다.

2000년대에는 초반 한국전자통신연구원ETRI의 하원규 박사와 한국교통대학교의 최남희 교수와 함께 유비쿼터스 컴퓨팅을 소개하는 글을 『전자신문』에 연재하여 유비쿼터스 코리아U-Korea라는 정책을 만드는 데 일조하기도 했다. 이때 우리가 유비쿼터스 컴퓨팅을 소개하는 방식은 다른 사람들과는 달랐다. 즉, 선진국에서 이러 이러한 기술을 중요하게 생각하니까, 우리도 중요하게 생각해야 한다는 모방적 방식이 아니었다. 유비쿼터스 컴퓨팅 기술이 어떠한 분야에서 어떻게 사용될 수 있는지를 구체적으로 제시하였다. 그리고 필자는 유비쿼터스 컴퓨팅의 본질로 '공간재화space goods'라는 개념을 제시하기도 했다. 간단히 말해서 우리는 본질을 보고 논의하였다. 그저 선진국 지식인들을 모방하는 데 급급하지는 않았다. 그것이 우리의 소명이었으며 자부심이었다.

가장 최근에 필자가 쓴 책은 다소 엉뚱하지만 『3쿠션 패턴 100』(2014)이라는 책이다. 당구 책이다. 지금까지 당구를 치는 방법으로 알려진 것은 두 가지였다. 직관적인 '감感'에 의존하는 방법과 숫자를 대입하여 '계산'하는 방법이었다. 하지만 당구의 고수들이 실제로 당구를 칠 때는 전혀 다른 방식으로 친다. 필자는 당구 선수들의 암묵적인 지식을 '패턴'이라는 방식으로 정리하여 책으로 소개한 것이다. 다행히 필자의 책은 당구인들 사이에서 의미 있는 책으로 인정을 받고 있다.

필자는 현학적인 이야기를 하고 잘난 척하는 학자가 되기 싫었다. 필자가 연구한 개념은 어떤 방식으로든지 현실과 연결될 수 있어야 했다. 필자가 연구한 개념들은 하다못해 당구 공의 물리적 움직임을 설명하는 데 도움이 되어야 했다. 이런 점에서 최소한 필자는 학문적으로 사이비가 아니다.

필자는 평생 표면이 아니라 본질을 보고자 하였으며, 외국 학문을 가지고 와서 현학적으로 자랑하지 않았으며, 학문적 개념을 머리로 이해하고 마음으로 느끼고 몸으로 체득하여 현실과 접목시키고자 하였다. 그렇게 살다 보니 많은 지식인들이 그렇지 않다는 것을 알게 되었다. 화가 나기도 하였고 슬프기도 하였으며 답답하기도 하였다. 때로는 그런 지식인들과 함께 웃으며 묻혀서 가기도 하였다. 어차피 중과부적이라는 점을 알았기 때문이었다. 아마도 이 책을 쓰지 않았다면, 평생을 그렇게 살다가 학자의 길을 마감하였으리라.

이제 필자의 나이도 오십 대 중반을 넘어서 학자의 삶을 정리해야 한다. 별로 유명하지는 않았지만 그래도 꽤 많은 일을 했다는 생각도 든다. 그리고 앞으로 몇 가지 개념을 더 정리해서 이

세상에 내놓고 학자로서의 삶을 마감할까 한다.

이 책에서 다루려고 하는, 빅데이터는 시간이 흐를수록 그 거품이 커지고 있다. 이 열풍에 많은 사이비 지식인들이 합세하여 목소리를 높인다. 우리 모두 하나의 커다란 흐름 속에서 떠밀려 가고 있다. 사이비라는 거대한 흐름이다. 나 혼자 사이비가 아니라고 위로해도 소용이 없다. 누군가는 말해야 한다. 우리를 휩쓸고 가는 이 광풍이 사이비라는 점을 지식인이라면 말해야 한다.

이 광풍이 언제까지 불지 모르겠다. 빅데이터 열풍이 불다가 조용히 사그라졌으면, 필자는 빅데이터 부정론자로서 회의석상에서 몇 마디하고 말았을 것이다. 하지만 이미 빅데이터의 바람은 날로 커지고 있다. 빅데이터에 대한 정부의 예산 투입은 날로 증가하고 있으며, 빅데이터라는 용어를 사용하는 정부 기관까지 설립되었다. 이처럼 빅데이터 열풍이 걷잡을 수 없을 정도로 거세진 데에는 지식인의 책임이 크다. 지식인들이 진정성 있게 비판하지 않았다. 빅데이터의 한계를 알고 있는 지식인들은 침묵했다. 지식인들이 침묵하고 잠들어 있을 때, 우리 사회가 잘못된 방향으로 갈 수 있다는 것을 빅데이터 현상만큼 잘 보여주는 사례도 드물 것이다. 필자도 그러한 지식인 중의 한 명이었다. 이 책은 대한민국의 오늘을 살고 있는 지식인으로서 미루어 놓았던 책임을 조금이나마 짊어지려는 시도이다. 먼 훗날 사람들이 2016년 여름에 당신은 지식인으로서 무엇을 하였는지 묻는다면, 그때 이 책을 보여주면 될 테니 그나마 다행이라는 생각이다. 우리 지식인들이 더 이상 사이비 현상에 편승하거나 매몰되거나 침묵하지 않기를 바란다.

1장 대한민국의 빅데이터

예로부터 우리는 큰 것을 좋아하는 민족이 아니었다. 우리의 궁궐은 큰 것을 지향하지 않는 소박한 건물이었으며, 양반 집도 아흔아홉 칸을 넘을 수 없었다. 우리 민족은 "진흙을 이겨서 그릇을 만드나, 그릇 속의 비어 있는 공간이 쓸모 있는 것"이라는 노자老子의 비움을 사랑했다.

그러던 우리가 변하기 시작했다. 어느 순간부터 고층 건물을 좋아하기 시작하더니, 급기야 하늘을 긁는 빌딩sky scrapper을 짓기 시작했고, 우리에게 딱 알맞은 작은 강을 거대한 강으로 만들겠다고 강바닥을 파내기 시작했다. 그리고 빅데이터 바람이 전 지식인의 뇌리를 강타했다. 대한민국의 하늘과 땅과 사람 모두 병들기 시작한 것이다.

청와대와 따로 노는 미래창조과학부

최근 필자가 빅데이터와 관련해서 열 받은 사건이 있었다. 2016년 4월 13일 총선에서 여당이 의외의 참패를 당했다. 한 달쯤 시간이 흐른 뒤에 박근혜 대통령이 청와대에서 1차 과학기술전략회의를 주재하였다. 언론에 보도된 바에 따르면 이날 박 대통령은 "기존의 추격형 연구개발R&D은 낡은 방식인 만큼 국가 R&D 시스템의 근본적인 개혁이 필요하다"고 언급했다. 또한 박 대통령은 "연구자들이 자율성을 갖고 연구에 몰입해 연구할 맛나는 환경을 구축하는 게 중요하다며, 연구비 지원 명목하에 비전문가인 공무원들이 연구자들에게 간섭하는 일을 줄여야 한다"[4]고 강조했다고 한다.

박근혜 대통령의 언급이 반가웠다. '이제야 우리나라의 과학기술 정책이 제대로 갈 수 있겠구나'라는 생각이 들기도 했다. 그만큼 우리나라의 기술 연구개발은 외국의 기술을 모방하고 따라가는 추격형이었고 연구원과 공무원 사이의 손발이 잘 맞지 않았기 때문이다. 전문가인 연구원들이 빅데이터 열풍에 대해서 자유롭게 비판하지 못하는 것도 비전문가들의 영향력이

상대적으로 큰 우리나라의 연구개발 풍토와 무관하지 않다. 오랜만에 과학기술전략회의를 대통령이 주재하면서 이렇게 꼭 집어서 이야기하니 연구 환경이 조금이나마 개선될 것으로 기대되었다.

그로부터 열흘 뒤인 2016년 5월 23일, 대통령의 주문에 대해 미래창조과학부에서 응답을 했다. 기사 제목은 다음과 같았다. 「내년 정부 R&D 예산 IoT·빅데이터·인공지능에 집중 투자한다」[5] 「성과부진 R&D 예산 10% 구조조정… 신사업에 1.9조 집중 투자」[6]

답답한 노릇이다. 기껏 대통령이 추격형 연구개발 전략을 중단하라고 했는데, 미국이 하니까 따라하는 빅데이터와 인공지능이 핵심 사업으로 둔갑한 것이다. 기껏 대통령이 연구자들의 자율성을 강조했더니만, 연구자들의 연구 성과를 평가하고 성과가 부진한 연구의 지원금 10%를 환수해서 이를 빅데이터와 인공지능 등에 투자한다는 것이다. 연구자들의 연구 성과를 평가해서 예산 10%를 환수한다는 것은 엄청난 폭력이자 협박이다. 설혹 실제로 연구비를 환수하지 않는다고 하더라도, 이런 식의 겁박과 평가는 연구원들의 자율성과 자립성을 크게 해치는 일이다.

이 기사를 접하는 순간 한숨이 나왔다. 대통령이 무얼 좀 해보려고 한들 무슨 소용이 있는가? 대통령의 의도와는 정반대로 추진하는데 말이다. 대통령이 추격형 연구개발 말고 창조적 연구개발을 하라고 하면, 구글Google이 한참 떠들어 대던 빅데이터와 인공지능 말고 우리 실정에 맞고 우리 힘으로 미국을 능가할 수 있는 기술개발을 말해야 할 것 아닌가? 대통령이 연구자의 자율성을 존중하라고 했으면, 최소한 연구비 10%를 환수하겠다는 협박은 하지 말아야 하는 것 아닌가? 누가 평가해서 누가 환수할 것인가? 결국 공무원들이 주도할 것 아닌가? 참 답답한 이야기가 2016년 대한민국에서 되풀이되고 있다. 우리가 세계에서 최첨단을 달리고 있는 IT 분야에서 이럴진대, 다른 분야에는 얼마나 많은 지식인들과 공무원들이 선진국을 모방하는 데 혈안이 되어 있을지 불문가지이다.

과학기술 R&D도 속도전으로?

더 심각한 일도 있었다. 혹시 '과학기술 R&D 속도전'이라는 말을 들어보았는가? 이름만 놓고 보면 마치 1960년대에 북한에서 실시했던 정책으로 짐작할 사람들이 많을 것이다. 하지만 이 정책은 불과 몇 년 전 대한민국에서 자랑스럽게 펼쳐진 정책이었다. 2009년 6월 10일 우리나라 산업기술 출연연구기관들이 모여 R&D 속도전 보고대회를 열었다. 연구기간을 단축하여 예산을 아끼고 경쟁력을 제고하겠다고 다짐했다. 비록 산업기술에 관련된 연구개발이라고 하더라도 연구개발은 연구개발이다. 속도전으로 해서 되는 게 있고, 속도전을 하면 안 되는 것이 있는 법이다. 속도전을 할 바에야 차라리 안 하는 편이 좋은 것이 바로 연구개발이다. 성공할지 실패할지 모르면서 모험적으로 하는 것이 바로 연구개발이다. 아직 가보지 않은 길을 가는 것이다. 그런데 어떻게 속도전이라는 단어를 연구개발에 붙인단 말인가?

속도전이라는 단어를 육체노동에 붙인다고 하더라도, 그것은 노동자를 착취하는 가혹한 일이다. 과학자 및 기술자들을 도

대체 어떻게 여겼길래 무지막지한 속도전이라는 단어를 '과학기술'에 붙이는 것일까? 이런 말도 안 되는 일이 먼 옛날도 아니고 북한도 아닌 대한민국 땅에서 이루어졌다. 아마도 이명박 대통령이 속도전을 좋아한다고 생각해서 이런 일을 벌이지 않았을까 싶다. 이명박 대통령은 당선되자마자 공무원들에게 속도전을 주문했다. 대불공단의 전봇대로 인해 화물운반이 늦어진다고 하자 전봇대를 뽑으라고 했다. 이화여대 캠퍼스 설립 신청서를 6시간 30분 만에 승인해서 세상을 놀라게 한 파주 시장을 이명박 대통령은 속도전의 모범으로 칭찬하고 표창장까지 수여했다. 하지만 그로부터 5년 후 이화여대는 파주캠퍼스 사업을 포기한다고 선언했다. 이런 속도전을 국가 R&D에도 적용을 하다니. 황금알을 낳는 거위의 배를 가르는 것과 무엇이 다른가? 답답한 노릇이다.

이런 사건을 주도했던 사람들은 도대체 과학자를 어떤 사람으로 생각하는 것일까? 이 사건은 공무원들이 과학기술자에 대해 어떤 생각을 가지고 있는지를 짐작하게 해준다. 공무원들에게 있어서 과학기술자들은 끼니를 거르면서 지적인 고민을 하고 실험 실패에 뜬눈으로 밤을 새우는 그런 사람이 아니었다. 그런 생각을 하면서도 과학자들을 속도전으로 몰아붙일 수는 없는 노릇 아닌가? 그저 외국의 연구 결과를 적당히 가져와서 발표하고, 외국의 실험을 적당히 흉내 내서 우리 실험실에서 재현하고, 외국 논문과 비슷한 논문을 작성해서 외국 저널에 발표하는 사람으로 생각하는 것 아닐까? 과연 그런 생각이 맞을까? 맞아도 답답하고, 아니라면 더 답답한 일이다.

이명박 대통령의 빅데이터

우리나라에서 빅데이터 유행은 언제부터 시작되었을까? 그날은 2011년 11월 7일이었다. 이명박 대통령이 참석한 제3차 국가정보화전략위원회 보고회의에서 이각범 위원장은 빅데이터를 가장 주목해야 할 개념으로 제시했다. 그날 이명박 대통령은 "위원회가 '빅데이터'라는 화두를 던져줬는데 이를 실천하는 것이 필요하다"며 "그래야 다른 나라에 앞설 수 있으며 조속히 실천에 옮겨 효과가 나오도록 하자"[7]고 말했다.

이날에는 단순히 빅데이터 정책에 대한 보고만 있었던 것이 아니었다. 이명박 대통령의 다음 일정은 빅데이터로 유명한 구글의 이사회 의장 에릭 슈미트와의 만남이었다. 같은 날 즉, 2011년 11월 7일 청와대 브리핑에 의하면, 이명박 대통령과 슈미트 의장의 면담은 40여 분에 걸쳐 이어졌다. 이명박 대통령은 "구글이 IT 분야의 최고 선두주자로서 한국 기업들과 어떻게 협력을 계속하느냐가 중요하다. 한국 정부도 제도적으로 뒷받침할 일이 있으면 적극적으로 환경 조성에 나설 것이다"[8]고 말했다. 이 당시 구글은 빅데이터에 주력하고 있었기 때문에 이명박 대통령이 적극적으로 환경 조성에 나서겠다고 한 핵심 기술이 바로 빅데이터였다는 점은 분명해 보인다.

2011년 11월 7일은 우리나라 빅데이터의 생일과도 같은 날이다. 이날 이후 빅데이터 만능론이 우리나라 지식인 사회에 퍼지기 시작했다. 빅데이터라는 단어가 사용되기도 했지만, 데이터 기반 정책이라는 말도 함께 유행했다. 마치 그전에 있었던 정책은 근거가 없는 정책이었고 이제부터의 정책은 근거가 있는 정책, 그리고 그 근거는 거대한 데이터라는 점을 강조하는 듯했다. 이는 곧 정책을 과학적으로 수립한다는 의미이기도 했다.

빅데이터는 이렇게 시작됐다. 거의 열리지 않던 국가정보화 전략위원회가 이날 대통령 주재로 거창하게 열리면서 갑작스럽게 빅데이터가 국가의 주요 정책으로 선언되었다. 오후에는 구글 슈미트 의장과 대통령이 면담을 하면서 그 빅데이터가 구글이 유행시킨 빅데이터라는 점이 분명해졌다. 사실 이명박 정부는 IT 정책을 등한시했었다. 2008년 이명박 정부가 출범하면서 우리나라의 IT 정책을 주도했던 정보통신부가 해체되었다. 이후 이명박 정부는 4대강 정책과 자원외교 정책 그리고 녹색성장 정책에 집중하였다.

그러다가 이날 갑자기 IT 정책의 화두로서 빅데이터를 천명했다. 필자와 함께 IT 정책 논의를 하던 사람들은 벙찌는 기분이었다. 이걸 환영해야 하나 비판해야 하나. IT 정책의 중요성을 인식했다는 점은 반가운데, 하필이면 빅데이터인가 하는 찜찜한 느낌을 지울 수 없었다. 하지만 IT 전문가들은 빠르게 빅데이터에 적응하기 시작했다. 그래야 프로젝트를 따낼 수 있었으며, 그래야 청와대 정책 보고를 할 수 있었고, 그래야 새로운 조직을 만들 수 있었기 때문이었다. 2011년 11월 7일, 우리나라에서 빅데이터는 그렇게 시작되었다.

빅데이터 시대의 시작?

2011년 11월 7일 국가정보화전략위원회에서 이각범 위원장이 이명박 대통령에게 구체적으로 어떤 보고를 했는지는 확인할 수없다. 대신에 그날 보고가 이루어지기 며칠 전 이각범 위원장의이름으로 제출된 「빅데이터를 활용한 스마트 정부 구현(안)」이라는 보고서가 있다. 이 보고서를 통해서, 빅데이터에 대해 어떤논의가 오고 갔는지 확인할 수 있다.

보고서 첫 페이지에는 "모바일 인터넷과 소셜 미디어 등장으로 폭증하는 데이터가 경제적 자산이 되는 '빅데이터 시대'가 도래"했다는 주장이 실려 있다. 그리고 빅데이터란 "대용량 데이터를 활용, 분석하여 가치 있는 정보를 추출하고, 생성된 지식을바탕으로 능동적으로 대응하거나 변화를 예측하기 위한 정보화기술"[9]이라고 정의하고 있다. 빅데이터의 가장 큰 특징은 '많다'는 데 있다. 무엇보다 빅데이터가 기존의 데이터 분석 방법과 다른 점은, 바로 많은 양의 데이터를 분석하는 기술적 능력이다.

하지만 빅데이터의 특성으로 데이터가 많다는 점 이외에 데이터가 다양하다는 점이 강조되기도 한다. 흔히 빅데이터의 특성으로 세 가지 '브이v'가 거론된다. 빅데이터는 데이터의 양volume이 방대하며, 데이터가 생성되는 속도velocity가 엄청나게 빠르고, 데이터의 다양성variety이 무한하여 정형화된 형태를 갖추기 어렵다는 것이다. 따라서 빅데이터 분석은 많은 양의 데이터를 빠르게 분석해야 할 뿐만 아니라 다양한 형태의 데이터를 분석해야 한다.

이러한 점에서 빅데이터는 기존의 데이터 분석과 다르다. 기존의 데이터 분석은 작은 규모로 이루어졌으며, 분석의 재료가 되는 데이터의 형태가 규격화되어 있는 숫자 데이터였다. 이에 비해 빅데이터 분석은 문자 혹은 동영상으로 되어 있는 데이터에 대한 분석까지 포괄해야 하기 때문에 새로운 기술이 요구된다.

21세기 들어서 데이터의 양이 폭발적으로 증가한 것은 사실이다. 트위터, 페이스북, 카카오톡과 같은 소셜네트워크서비스SNS, social network service에서 주고받는 수십억 개의 메시지, 곳곳에 깔려 있는 CCTV와 스마트폰으로 촬영되는 동영상은 상상을 초월하는 양의 데이터를 생산한다. 이렇게 생산되는 데이터 대부분은 그 내용과 형식이 정리되지 않은 데이터이다. 이를 '비정형 데이터'라고 한다. 비정형 데이터는 문자와 영상 정보로 구성되는 것이 보통이다. 이에 비해 신용카드를 긁을 때마다 발생하는 정보는 그 형식이 일관되고 언제, 어디에서 얼마를 사용했는지에 관하여 잘 정리되어 있는 데이터로, '정형 데이터'라고 한다.

빅데이터 시대가 도래했다고 할 때, 초점을 두는 것은 정형 데이터가 아니라 비정형 데이터이다. 하지만 아직까지 비정형 데이터를 분석할 수 있는 기술은 충분히 개발되지 못했다. 예를 들어 CCTV에 찍힌 범죄자나 범죄 차량을 컴퓨터가 자동으로 인식할 수 있는 기술의 개발은 아직도 요원하다. 이런 상황에서 어떠한 빅데이터를 분석할 것인가? 결국 빅데이터 분석은 방대한 동영상을 제외하고, SNS에서 이루어지는 문자 메시지에 초점을 둔다. 그러다 보니 빅데이터 분석은 가십gossip 분석으로 전락하고 만다. 과연 가십 분석이 그렇게 큰 국가적 의미를 지니는가? 이에 대한 논의를 찾아보기 힘들다.

보고서 「빅데이터를 활용한 스마트 정부 구현(안)」으로 돌

빅데이터는 거품이다

아가보자. 보고서 제목에 '스마트 정부'라고 적시되어 있듯이, 2008년부터 스마트폰의 보급이 확대되면서 우리나라에서 유행한 단어가 바로 '스마트smart'라는 단어이다. 특히 정보화진흥원에서는 정보화 시대를 '스마트 시대'라고 부를 정도로 스마트에 관한 많은 보고서를 생산하고 있었다. 그런데 스마트란 말에 무슨 의미가 있는 것일까? 스마트 정부라는 것이 기존의 정부와 다른 개념인가? 사실은 그렇지 않다. 스마트폰이 유행이다 보니 스마트라는 말이 멋있게 들려서 그저 스마트 정부라고 부르는 것뿐이다. 이 보고서에서도 스마트 정부를 구현한다고는 되어 있지만, 스마트 정부가 무엇을 의미하는지에 대해서는 어떤 설명도 없다.

　IT 분야에서는 이렇게 별다른 개념이나 내용 없이 유행하는 단어들이 있다. 컴퓨터가 한창 보급되던 1980년대에는 데이터라는 말이 유행했고, 인터넷이 확산되던 1990년대에는 정보라는 말이 유행했으며, 인터넷을 통해 이용할 수 있는 정보의 용량이 훨씬 커진 2000년대에 들어서는 콘텐츠contents라는 말이 유행했다. 아울러 인터넷상에서 쇼핑몰과 같은 각종 서비스가 등장하면서, 사이버 공간cyber space이라는 말도 유행했다.

이제 2010년대에 들어 스마트폰이 유행하니 스마트라는 말이 유행하는 것일 뿐이다. 여기에 어떤 대단한 의미가 있다고 생각하면 오산이다. 그리고 이렇게 유행하는 스마트를 최근에 유행하는 빅데이터로 구현할 수 있다는 것이 이 보고서의 핵심이다. 다시 30년 전으로 되돌아가 데이터를 가져온 것이다. 다만 2010년대의 데이터는 앞에 많다는 의미의 형용사를 붙인 빅데이터일 뿐이다.

어쨌든 이 보고서에서는 스마트폰 사용의 확대 및 SNS 이용의 증가로 인하여 빅데이터를 분석해야 하는 시대가 도래했다고 선언한다. 하지만 데이터가 증가했다고 하더라도, 왜 그 데이터를 분석해야 하는가에 관한 설명은 없다. 그럼 데이터가 감소하면 그 데이터를 분석할 필요가 없다는 말인가? 데이터 증가와 데이터 분석의 필요성 사이의 논리적 연결 고리는 없다.

다만 이 보고서는 미국 대통령 과학기술자문위원회가 2010년 12월에 발간한 보고서 「Designing a Digital Future」에서 연방정부의 빅데이터 전략 수립 필요성을 강조한 점을 근거로 제시한다. 빅데이터 분석이 왜 중요한가에 대한 내용은 여전히 없다.

미국이 중요하다고 하니까 우리도 중요하게 생각해야 한다는 것이다. 심지어 미국보다 한술 더 떠서 빅데이터 시대가 시작되었다고 주장한다. 일견 특별한 근거가 있어 보이지만, 실상은 아무런 근거가 없는 이야기다.

이 보고서의 두 번째 페이지에서는 빅데이터 활용의 효과를 이야기한다. 정부의 빅데이터 활용을 통하여 "예산 절감, 대내외 변화에 대한 신속한 대처, 삶의 질과 정부 신뢰도 향상이 가능하다"[10]고 주장한다. 하지만 여전히 구체적인 근거는 없다. 고작해야 '필박스Pillbox 프로젝트'로 연간 5,000만 달러, 우리 돈으로 500억 원을 절약할 수 있다는 미국 오바마 정부의 주장이 근거로 제시될 뿐이다.

이어서 이 보고서는 "공공 분야 빅데이터 활용 시 경제 효과는 국내의 경우 10.7조 원 이상"[11]이라고 공언한다. 하지만 여전히 그 근거를 제시하지 않고 있다. 그 근거로 제시되는 것이 유럽연합EU의 사례. 유럽연합의 경우 빅데이터를 통해서 비용 절감, 부정 및 오류에 따른 손실 감소, 세수 증대 등 긍정적인 효과를 얻었고 이것의 경제적 효과 1,500~3,000억 유로에 이른다는 것이다. 보고서는 이를 바탕으로 한국은 최소 10조 7,000억 원 정도의 경제 효과를 얻을 수 있을 것이라고 추산한다. 하지만 이는 무척이나 애매모호한 말이다. 어느 정도로 비용을 절감할 수 있다는 것인지, 세금 징수는 또 어느 정도 더 할 수 있다는 것인지 명확하지 않다.

세수를 3조 원 더 징수할 수 있다고 생각해보자. 이것이 과연 어느 정도의 경제 효과라고 할 수 있겠는가? 정부가 더 많은 세금을 징수하는 만큼 민간부문의 자금은 빠지게 되어 있다. 자금이 민간에서 정부로 이동하는 것일 뿐, 새로운 경제 효과가 창출되는 것은 아니다. 세금을 3조 원 더 징수할 수 있다는 것이 대단한 것일까? 정부가 일 년에 징수하는 세금은 300조 원 정도(2011년 기준)이다. 3조 원은 세금 징수의 1% 정도에 해당되는 액수이다. 그것도 대부분은 빅데이터 분석 때문이 아니라 더 많은 세원이 전산화되기 때문이다. 물론 세금 납부자들의 금전 거래 활동에 관한 빅데이터 분석을 통해 더 많은 세금을 징수할 수도 있을 것이다. 하지만 여전히 그런 분석은 비정형 데이터가 아니라 정형 데이터에 대한 분석에 의존하는 것이다. 업주들의 SNS를 분석해서 세금을 추징할 수는 없는 일 아닌가?

이 보고서의 핵심이라고 할 수 있는 첫 번째 페이지의 빅데이터 시대의 도래 선언이나 두 번째 페이지의 빅데이터의 경제적 효과에 대한 주장은 실상 명확한 근거가 없는 이야기일 뿐이다.

'빅데이터 마스터 플랜'의 세 가지 포부

2011년 11월 7일 이명박 대통령에 의해 공인되다시피 한 빅데이터라는 캐치프레이즈는 이후 본격적으로 추진되기 시작했다. 교육과학기술부, 행정안전부, 지식경제부, 방송통신위원회, 국가과

〈그림1〉 정부의 빅데이터 마스터 플랜

* 출처 | 빅데이터 센터(kbig.kr)

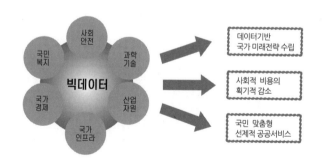

학기술위원회 등 주요 부처가 동원되어 2012년 「스마트 국가 구현을 위한 빅데이터 마스터 플랜」을 수립했다. 이 보고서를 통해 각 정부 부처는 국가와 사회의 거의 모든 영역에서 빅데이터를 구현함으로써 '데이터기반 국가 미래전략'을 수립하고 사회적 비용을 획기적으로 감소시키며, 빅데이터 분석을 통하여 경제·복지·안전·고령화 등 국가 현안에 대해 선제적으로 대응하는 예방행정 체계를 강화하겠다고 선언했다.[12]

이 마스터 플랜에서 각 정부 부처는 2016년까지 빅데이터 사업에 약 5천억 원을 투자하겠다고 밝히고 있다. 2012년부터 2014년의 1단계 기간 동안에는 빅데이터 활용의 타당성을 확인하고, 2015년부터 2016년의 2단계 기간에는 빅데이터 활용의 확산을 도모하고, 2017년 이후의 3단계에는 국가 전반의 빅데이터 활용 및 기술 수준을 고도화할 것이라고 천명하고 있다. 이렇게만 되면 대한민국은 명실공히 빅데이터 공화국이 될 것이다.

'빅데이터 마스터 플랜'은 사회안전, 국민복지, 국가경제, 국가인프라, 산업지원, 과학기술 등 6개 분야에서 16개 과제를 제시하면서 이 중 세 가지 과제를 우선 추진하고 단계적으로 활용을 확산시킬 것이라고 보고하고 있다. 우선 추진 과제는 다음과 같다.

□ 범죄발생 장소 및 시간 예측을 통한 범죄발생 최소화
□ 예측 기반의 자연재해 조기 감지 대응
□ 주민 참여형 교통사고 감소체계 구축

범죄발생 장소와 시간을 예측한다?

먼저 범죄발생 장소와 시간을 예측한다는 과제부터 살펴보자. 이는 지역별 시간별 과거의 범죄발생 내역, 순찰경로를 비롯한 정형 데이터와 주민신고, CCTV의 범죄 행동 분석 등의 비정형 데이터를 융합하여 범죄발생 가능성이 높은 장소와 시간을 예측하고, 순찰 위치를 조정하여 범죄발생을 최소화시키겠다는 것이다. 그런데 이 보고서에서 말하는 비정형 데이터라는 것이 묘하다. 주민신고 데이터는 당연히 경찰이 대응해야 할 의무가 있는 것이다. 그저 한가하게 분석해야 할 중립적 데이터가 아니다. 게다가 CCTV의 범죄 행동 분석 자료 역시 빅데이터가 아니라 실시간으로 관찰하고 대응해야 하는 정보다. 이런 데이터에

대해 빅데이터 분석을 한다는 것 자체가 말이 안 된다.

아마도 주민들 또는 행인들의 SNS 데이터를 분석하여 범죄 의도가 담긴 단어들을 발견하고, 과거의 범죄발생 장소와 시간 데이터와 비교하여 범죄발생 가능성이 높은 경우 순찰차를 배치한다면 혹시 말이 될지 모르겠다. 하지만 이는 주민들의 프라이버시 보호와 정면으로 충돌하는 문제가 발생한다. 친구들끼리 카카오톡 메시지를 주고받다가 장난삼아 "너 죽을래?" "넌 죽었어"라고 하면, 그리고 이 친구들이 과거에 살인 사건이 발생했던 건물 주변을 지나고 있다면, 바로 순찰차를 보내서 검거해야 할 것 아닌가?

다행인지 불행인지 모르겠지만, 아직까지 빅데이터를 분석해서 범죄를 예방하거나 범죄 현장에서 범인을 검거했다는 이야기를 들어본 적이 없다. 우리 솔직히 말해보자. 범죄가 발생하고 있다고 주민이 신고를 해도, 경찰이 신고마다 일일이 대응하기 벅찬 게 현실이다. 그런데 신고가 들어오지 않음에도 불구하고 위험한 상황이 발생할 가능성이 있다고 해서, 경찰이 출동할 수 있겠는가? 출동해야 하는가? 답답한 이야기다.

재난 피해 지역을 사전에 예측한다?

두 번째 우선 추진 과제인 '예측 기반의 자연재해 조기 감지 대응' 시스템에 관하여 살펴보자. 이 과제에서는 "집중호우에 따른 침수, 산사태 등을 실시간으로 조기에 감지하여 재난 피해지역을 사전에 예측하여 서비스를 제공한다"[13]고 말하고 있다. 이 과제에서 다루는 정형 데이터는 기상정보, 수문정보, 절개지, 지역별 인구정보 등이며, 비정형 데이터로는 CCTV, 인공위성 자료, 소셜 데이터, 주민신고 등이다.

이 과제는 아무래도 몇 년 전 서초동 남부순환도로에서 발생한 침수 및 산사태를 염두에 둔 것 아닌가 싶다. 당시 필자도 조카가 SNS에 올린 침수 사진과 산사태 피해 사진을 본 적이 있다. 당연히 TV에서 전하는 뉴스보다 SNS에서 오고 가는 소식이 더 빠를 수밖에 없다. 그런데 그렇다고 해서 호우로 인한 산사태를 미리 예측해서 예방할 수 있는가? 사실, 산사태나 눈사태의 발생을 사전에 예측하는 것은 불가능에 가깝다. 전국에 산재한 절개지의 산사태를 예측하는 것은 말할 것도 없다. 우리나라에서 가장 위험한 절개지 하나만 놓고 보자. 호우가 내릴 때 그

절개지에 언제 산사태가 일어날 것인지를 예측할 수 있겠는가? 아직까지 그런 예측을 할 수 있다는 말을 들어보지 못했다. 현실이 이러한데, 우리나라 전국의 산사태를 예측해서 예방하는 시스템을 구축한다고 한다. 그것도 주민들의 SNS 데이터와 주민 신고와 같은 비정형 데이터를 조합해서 말이다.

여기에서도 마찬가지다. 주민들이 위험하다고 신고할 때 적극적으로 반응하는 행정 체제만 유지되더라도 대단한 것이다. 4대강 건설로 인해서 강물이 썩고 있다고 주민들이 신고하고 인터넷 뉴스에 보도가 나가도 대응을 제대로 하지 못하고 있다. 호우가 쏟아지는 급박한 상황에서 빅데이터 분석을 통해서 재난 피해 지역을 예측하고 이에 대응할 수 있겠는가? 그저 평소에 침수 위험 지역을 꾸준히 관리하는 것만으로도 대단히 훌륭한 재난 행정이라고 할 수 있을 것이다. 빅데이터가 중요한 것이 아니라, 스몰데이터일지라도 평소에 꾸준히 관리하는 것이 중요하다는 것이다.

주민참여형 교통사고 감소체계를 구축한다?

세 번째 우선 추진 과제는 '주민참여형 교통사고 감소체계'이다. 이 과제는 가장 빅데이터 같지 않은 빅데이터 과제이다. 여기에서 사용하는 정형 데이터는 자동차 보험, 차량등록, 지리 정보체계GIS, Geographic Information System, 지능형 교통정보, 의료정보 등이며, 비정형 데이터는 주민 제보의 개선 의견, 게시판, 교통방송 등의 교통사고 위치, 그리고 각종 소셜 데이터 등이다.[14] 이러한 정형 데이터와 비정형 데이터를 결합하여 신호등과 과속 방지턱을 개선하고 교통사고를 줄이겠다는 것이다.

개선하겠다고 하는 신호등과 과속 방지턱은 지역적인 시설물이다. 지역적으로 설치되어 있는 신호등과 과속 방지턱에 대해서는 그 지역에 사는 주민들이 불편사항이나 개선사항을 신고할 수 있을 것이다. 그리고 가끔은 SNS에서 불만을 제기할 수도 있을 것이다. 그런데 어떻게 지역적인 신호등이나 과속방지턱에 대한 빅데이터가 존재할 수 있겠는가? 아무리 많다고 한들 천 개나 되겠는가? 그런 불만 사항이나 사고 정보는 그냥 스몰데이터일 뿐이다. 굳이 수십억 개의 빅데이터를 검색해서 우리 동네의 과속방지턱에 대한 불만을 찾아낼 필요가 있는가? 이미 경찰서와 주민센터 게시판에 올라와 있는 불만 사항만 검토해도 될 일이지 않은가?

빅데이터에 쏟아지는 '예산 폭탄'

어쨌든 주요 부처들이 모여서 짜낸 빅데이터 마스터 플랜은 2013년부터 2016년까지 5천억 원을 투자하여 우리나라를 빅데이터 강국으로 만들겠다고 하였다. 이들의 마스터 플랜이 어느 정도까지 진행되었는지, 정권이 바뀐 후에도 지속적으로 추진되었는지 필자는 확인하지 못했다. 빅데이터 유행이 이후에도 그치지 않고 계속되었다는 점을 고려하면, 어느 정도는 집행되지 않았을까 짐작할 뿐이다.

실제로 통계청에서 2014년 1월 7일 발표한 「빅데이터 활용 본격화, 복지·치안·물가 등 '해결사'」라는 보도자료에 따르면, 2013년에는 360억 원(중앙부처 345억 원, 지방자치단체 15억 원)의 예산이 투입되었으며, 2014년에는 460억 원(중앙부처 400

억 원, 지방자치단체 60억 원)의 예산이 투입될 계획이었다.[15] 또한 2014년 1월 8일자 『디지털데일리』의 뉴스에 의하면, 국무총리 소속으로 설립된 공공데이터전략위원회는 공공부문의 빅데이터 추진전략과 국가적 우선순위를 심의하고 조정할 것이라고 발표했다. 이날 안전행정부 장관은 "빅데이터 활용으로 정부 3.0의 핵심인 국민 맞춤형 지능형 서비스 제공을 효과적으로 추진할 수 있게 됐다"면서 "앞으로 빅데이터 활용을 적극 확산해 나가겠다"[16]고 말했다.

2011년 이후 정부는 빅데이터에 대한 투자를 지속적으로 늘려갔다. 2016년 1월 16일 『전자신문』에 실린 기사에 의하면 2016년도의 공공 빅데이터 사업의 규모는 3,000억 원에 달한다. 이 기사에 의하면 2016년 중앙부처 빅데이터 사업 규모는 2,000억 원에 이르는데 이는 2015년의 700억 원보다 세 배 가까이 증가한 것이다. 여기에 공기업을 포함시키면 3,000억 원이 넘는다.[17] 결국 마스터 플랜에서 제시한 4년간 5,000억 원과 거의 비슷한 규모의 투자가 이루어지고 있는 것으로 보인다. 또한 마스터 플랜에서 제시한 것과 같이 한두 부처가 아니라 전 부처에 걸쳐 빅데이터 정책이 추진되고 있다.

그렇다면 2016년 현재 우리나라의 빅데이터 기술 수준은 어떠한가? 과연 빅데이터 활용의 타당성이 확인되었는가? 빅데이터 기술의 타당성이 확인되었다고 주장하는 그 어떤 보고서도 필자는 알지 못한다. 그렇다면 2단계가 끝나야 하는 2016년 현재, 빅데이터 활용이 확산되고 있는가? 빅데이터가 어느 영역에서 활용되고 있는지에 관하여 필자는 아직 들어보지 못했다. 아직도 여기저기에서 막연하게 빅데이터가 중요하다는 이야기만 한다. 아직도 막연하게 빅데이터를 하면 무언가 좋지 않겠느냐는 이야기만 한다. 왜 좋을 것 같으냐고 물으면, 대답은 2011년 11월 7일과 똑같다. 미국 정부도 좋다고 했고, 구글도 좋다고 하지 않았느냐는 것이다. 답답한 노릇이다. 5년 동안 도대체 무엇을 한 것인가?

김포시의 성급했던 '빅데이터 타운' 선언

청와대에서 시작된 빅데이터 바람은 거의 모든 중앙부처를 휩쓸고 지나갔다. 그리고 그 바람은 시간이 흐를수록 점점 더 강한 바람이 되어 지방자치단체까지 확산되었다. 아마도 가장 적극적으로 빅데이터를 수용한 도시는 김포시일 것이다. 2015년 2월 13일 국회 입법조사처에서 정책 세미나가 열렸다. 김포시와 한국정책학회가 공동으로 기획한 '빅데이터와 미래 안전사회 포럼'이라는 이름의 세미나였다.

여기에 필자는 토론자로 초청을 받았다. 세미나를 기획하신 분에게 "저는 빅데이터 비판론자여서 곤란하다"고 말하면서 사양의 뜻을 피력했지만, 비판적인 의견도 괜찮다는 말을 들었다. 더군다나 이날의 세미나는 김포시에 빅데이터의 개념만 적용하는 것이 아니라 김포시를 유비쿼터스 도시의 개념과도 접목하는 것이었다. 이날 발제자들은 빅데이터를 활용하여 김포시를 각종 재난과 범죄 등으로부터 안전한 도시로 바꾸어나갈 수 있을 것이라는 장밋빛 미래를 발표하였다.

이날 필자는 언제나 그랬듯이 빅데이터에 대해서 비판적인 의견을 제기했다. 다만 유비쿼터스 컴퓨팅과 빅데이터를 연결시키는 부분에 대해서는 다소 긍정적인 의견을 피력했다. 예를 들어 각종 도시 시설물에 센서를 부착하여 관리하는 사물인터넷IoT, Internet of Things의 경우, 수많은 센서에서 나오는 데이터를 수집하고 분석하여 도시 시설물을 안전하게 운영할 수 있다. 빅데이터 분석을 이러한 영역에 적용하는 것은 당연히 합리적인 생각이다. 하지만 그렇다고 해서 큰 수익을 창출하기는 어렵다. 필자가 주로 비판을 했던 부분은 빅데이터를 가지고 재난이나 범죄를 예방할 수 있다는 내용이었다. 그렇기 때문에 김포시가 나아가야 할 방향은 빅데이터가 아니라 유비쿼터스 쪽으로 잡아야 하며, 그것도 단기적 성과에 집착할 것이 아니라 장기적인 측면에서 꾸준하게 이루어져야 할 것이라고 권고했다.

하지만 필자의 희망과는 다르게 김포시는 이후 '빅데이터 기반 안전 도시'를 선언했다. 김포시는 스스로를 '빅데이터 타운'이라고 선언했다. 김포시는 "민관협력법인의 빅데이터 운영 모델을 김포에 구축, 중국에 수출하는 등 창조경제의 표준으로 삼아야 한다"[18]고 역설했다. 또한 빅데이터 시스템이 성공적으로 정착되면 "중국 400개 도시, 전 세계 연 270개 신도시 등에 수출이 가능할 것으로 기대하면서 연 14조(내수 5조, 수출 9조) 생산유발효과와 19만 명의 고용창출도 가능할 것으로 본다"[19]고 발표하기도 했다. 실로 엄청난 프로젝트였다.

빅데이터는 거품이다

이후 김포시의 빅데이터 프로젝트는 순풍을 만난 듯 일사천리로 진행되었다. 2015년 7월 23일 『중부일보』의 보도는, 김포시가 빅데이터를 기반으로 한 안전 정책 계획으로 세간의 관심을 받고 있다고 전한다. 또한 이 기사에 의하면, 김포시는 기존 정부기관 주도 사업 추진의 한계를 극복하고 활발한 민간참여를 유도하기 위해 민·관협력법인 '김포빅데이터 주식회사'를 설립해 본격적인 사업을 추진하기로 했다고 한다.[20]

과연 김포시의 빅데이터 프로젝트는 순조롭게 진행될 수 있을까? 필자가 누누이 비판했듯이 빅데이터를 가지고 미래를 예측하고 사건·사고를 예방한다는 것은 허황된 생각이다. 이런 거품 위에 기획된 도시 프로젝트가 제대로 진행될 수 있을까? 그러던 중 아니나 다를까 김포 빅데이터를 비판하는 기사가 심심치 않게 등장했다. 『수도일보』 2015년 9월 18일자에는 「김포시 빅데이터, 사업성 의문과 졸속 처리 도마위에 올라」라는 제목의 기사가 게재되었다. 김포시는 김포 빅데이터(주) 관련 조례를 변경시키는 개정안을 김포시 의회에 제출했는데, 그 내용은 투자금을 대폭 1억 원에서 30억 원으로 증액하는 것이었다. 이 기사는 시의원과 김포시 공무원과의 논쟁을 다음과 같이 전하고 있다.

김포시 시의원: 시가 주장하는 확실한 이윤을 낼 수 있는 사업이
라면 왜 민간기업에서 자꾸 김포시가 주도를 하라
고 하는가? (…) 지금 시에서 설명하기로는 참 어
마어마하고 좋은 사업 같은데 민간기업에서 생각
하기는 이거 위험성이 좀 있다, 그래서 자꾸 우리
시에 의지하는 것 아닌가?

김포시 담당관: 공공성에 관한 부분은 시가 주도해야 하고 세계적
으로도 앞선 기술 도시를 만드는 것이기 때문에
실패를 가져올 수 없다.[21]

기자는 김포시 담당관의 답변을 무리한 확언이라고 평가한
다. 김포시의 담당 공무원은 빅데이터 관련 프로젝트에서 늘 보
았듯이 어떻게 수익을 창출할 수 있다는 구체적인 근거 없이,
'세계적으로 인정받는 첨단 기술'에 근거한 프로젝트이기 때문
에 수익을 낼 수밖에 없을 것이라는 막연한 낙관만 제시한 셈이
다. 김포 빅데이터 타운을 선언한 지 일 년이 지난 2016년 2월 17
일에도 『중부일보』에는 「김포 빅데이터 장기표류 – 예산 논란,
대표 이사 공석 탓」[22]이라는 제목의 기사가 올라왔다.

어쨌든 김포시의 빅데이터 프로젝트가 하루 빨리 정상으로 회복되기를 바란다. 하지만 빅데이터가 미래를 정확하게 예측해줄 것이라는 환상에서 벗어나지 않는 한 앞으로도 어려움이 있을 수밖에 없다는 것이 필자의 전망이다. 빅데이터에 대한 의존도를 대폭 줄이고, 사물인터넷이나 드론Drone 같은 구체적인 기술에 기반을 두고 순차적으로 유비쿼터스 도시로 정책의 방향을 전환해야 미래를 기약할 수 있을 것이다.

얼핏 보면 빅데이터는 굉장히 매력적인 개념이다. 사이버 세계의 디지털 데이터를 다루기 때문에 소프트하고 스마트한 것처럼 보인다. 좋은 머리를 써서 획기적인 아이디어를 개발하면 거대한 수익이 창출될 것도 같아 보인다. 데이터 분석은 컴퓨터가 알아서 해주니, 놀면서 큰돈을 버는 것이 복권에 당첨되는 것 못지않게 매력적으로 보인다. 요즘에는 빅데이터로 로또를 예측하는 사업도 덩달아 뜨는 지경이다. 빅데이터를 잘만 이용하면, 중앙정부나 지방정부는 거대한 혁신을 순식간에 달성할 수 있을 것처럼 생각한다.

아무리 사소한 일이라고 하더라도 하루아침에 손쉽게 달성할 수 있는 것은 없다. 디지털 세계에서는 수천억 개의 데이터를 순식간에 처리할 수 있지만, 현실 세계에서는 단 한 개의 돌부리에 걸려서 넘어지기도 하며 단 한 자루의 지팡이에 의지해서 걷기도 한다. 빅데이터로 손쉽게 성공할 수 있다는 생각은 도박적 사고에 가깝다. 빅데이터 열풍은 작은 것 하나하나에 정성을 다하는 사람들을 멸시하는 풍조로 이어지기 쉽다. 대한민국의 미래는 허황된 빅데이터에 달려 있는 것이 아니다. 우리의 미래는 현실 세계의 작은 것 하나하나에 얼마나 많은 정성을 기울이는가에 달려 있는 것이다.

2장 오바마 대통령의 승리는 빅데이터의 승리였나?

우리나라의 빅데이터 열풍에 가장 큰 영향을 준 사람은 버락 오바마Barack Obama 미국 대통령이다. 두 차례에 걸친 미국 대통령 선거에서 오바마 선거팀이 빅데이터를 활용하였다는 소문 때문이었다. 하지만 오바마 대통령의 리더십으로 자주 이야기되는 것은 빅데이터가 아니라 소수에 대한 '경청'이다. 흥미롭게도, 오바마의 경청 리더십에 관한 유명한 일화는 한국인에 의해 촉발되었다.

2013년 11월 25일 샌프란시스코 차이나타운에서 오바마 대통령이 이민개혁법 통과를 촉구하는 연설을 하고 있었다. 연설이 끝나갈 무렵, 오바마 대통령 바로 뒤쪽에 서 있던 동양인 청년 한 명이 소리를 지르기 시작했다. 그 청년은 24세의 한국 청년 홍주영 씨였다. 오바마 대통령은 뒤돌아보면서 자신도 같은 의견이라고 답변했다. 하지만 홍주영 씨와 옆에 있던 청년들이

"추방 중단"이라는 구호를 외쳤고, 급기야 오바마 대통령의 연설이 중단되기에 이르렀다. 대통령 경호원들이 홍주영 씨를 끌어내려고 다가가자, 오바마 대통령이 다급하게 제지했다. 오바마는 "아니에요. 아니에요. 걱정하지 말아요. 아니에요. 아니에요. 그는 거기에 있어야 합니다No, no, no. Don't worry about this. No. no. no. He should stay there"라고 말했다. 그러자 경호원들이 물러났고, 청중들은 환호했다. 오바마 대통령은 그들을 존중한다고 말하면서, 고함을 지르는 것에서 한 걸음 더 나아가 민주적 절차를 따라야 한다고 설득했다. 모든 청중들의 박수가 이어졌다.

이렇게 오바마 대통령은 큰 것을 숭배하는 사람은 아니었다. 하지만 그는 두 번에 걸친 대통령 선거 과정에서 빅데이터를 활용한 것으로 정평이 나 있으며, 대통령으로 재임하면서 빅데이터 정책을 열정적으로 추진했다. 우리나라의 지식인들은 소수에 대한 경청이라는 오바마 대통령의 리더십보다 그의 빅데이터 정책에 매료되었다.

빅데이터 대통령, 버락 오바마

2013년 6월 14일 『워싱턴 포스트The Washington Post』에 「Obama, the 'big data' president」라는 제목의 기사가 올라왔다. 오바마는 대통령 선거 운동에서만이 아니라 정책적으로도 빅데이터에 관심을 가졌던 대표적인 대통령이었다. 『워싱턴 포스트』는 오바마 대통령이 빅데이터를 강조함으로써 전임자와는 달리 자신이 이데올로기에 얽매이지 않는다는 점을 보여주었다고 말한다. 그의 정책은 데이터 기반 정책[23]이라고도 불린다.

2012년 초 오바마 대통령은 빅데이터 연구개발 계획이라는 정책을 천명하면서 2억 달러 즉, 2천억 원이 넘는 거금을 빅데이터 활용 방법의 개발을 위한 연구에 쏟아붓겠다고 발표하였다. 그리고 이후 빅데이터 분석에 대한 연구가 어느 정도 축적이 된 2015년 1월에는 '약품 정교성 선도Precision Medicine Initiative'라는 정책을 선언하면서 방대한 환자들의 정보와 그들에 대한 치료, 약물 등의 데이터를 축적하고 분석하기 위하여 2.15억 달러, 한화로 2천 5백억 원 정도를 투자할 계획이라고 발표하였다.

<그림 2> 빅데이터 대통령 버락 오바마

* 출처 | 2013년 6월 14일 『워싱턴 포스트』

빅데이터는 거품이다

오바마 대통령의 빅데이터 사랑은 두 번에 걸친 미국 대통령 선거를 통해서 이루어졌다. 2008년 미국 대통령 선거에서 오바마는 SNS를 적극적으로 활용한 것으로 알려져 있으며, 특히 2012년 대통령 선거에서는 빅데이터를 활용하여 재선에 성공한 것으로 유명하다. 각종 SNS의 데이터를 수집하여 대통령 선거의 판세 분석을 매일 66,000번씩 시뮬레이션했다고 한다. 2012년 대통령 선거 5개월 전에 이미 오바마 선거팀은 빅데이터 분석을 통해 오바마가 332명의 선거인단을 확보하고 상대 후보 미트 롬니Mitt Romney는 206명에 그칠 것이라고 예측했다. 그리고 5개월 뒤 실제 선거 결과는 예상과 거의 같았다. 놀랄 정도로 정확한 예측이었다.

빅데이터 분석과 함께 오바마 선거팀이 중점을 두었던 것은 유권자 한 명 한 명에 대한 분석을 바탕으로 한 맞춤형 광고micro-targeting advertisements였다. 특히 선거 기금을 모집할 때 개인들에게 보내는 이메일의 내용과 형태를 각기 달리해서 보냈다. 이렇게 빅데이터에 기반을 둔 선거 운동이 큰 효과를 거두어서 오바마가 재선에 성공했다는 뉴스 보도가 이어졌다.

그러나 빅데이터가 오바마의 선거 운동에서 정말로 효과적이었는가에 대한 확실한 증거는 없었다. 빅데이터 분석을 통한 맞춤형 광고가 효과적이었는가에 대한 질문에 대해 오바마 선거팀의 일원이었던 아멜리아 쇼월터Amelia Showalter는 부정적인 답을 내놓았다. 그녀는 맞춤형 이메일이 아니라 "언제나 높은 효과를 지니는 이메일은 보편적인 내용이었다Usually the winning email was universal"고 고백했다. 다양한 맞춤형 광고가 아니라 "폭넓은 경제적 메시지가 선거운동에 가장 효과적이었다"[24]고 회고하였다.

오바마 빅데이터 선거팀의 리더였던 하퍼 리드Harper Reed는 "빅데이터는 개똥이다Big data is bullshit"고 말하면서, 오바마의 2012년 선거운동을 빅데이터의 승리라고 이야기하는 것을 불편해했다. 그는 선거운동에서 사용했던 정보들은 실제로 그렇게 방대한 데이터가 아니었으며, 엑셀Excel로도 충분히 분석할 수 있는 양이었다고 말했다. 그는 맞춤형 광고에 대해서도 냉소적이었다. 유권자가 무슨 차를 타고 다니는가와 같은 데이터는 거의 활용하지 않았다고 한다. "당신은 오바마 대통령을 지지합니까?"라는 질문에 대한 응답과 같은 단순한 데이터가 훨씬 더 유용했다고 말한다.[25]

대한민국의 선거와 빅데이터

우리나라 선거에서도 빅데이터는 곧 주목을 받았다. 빅데이터의 역할이 가장 크게 주목을 받았던 선거는 2014년 지방선거다. 2015년 11월 19일 『아이뉴스24』는 「SNS와 만난 선거, 초유의 빅데이터 전쟁 예고」라는 제목의 기사를 통해 2014년 지방선거에서 빅데이터의 활약이 대단했다고 보도했다. 2014년에 치러진 6·4 지방선거에서 빅데이터 분석의 예측력이 기존의 여론조사 기관이나 언론사의 공동 예측 결과보다 뛰어났다는 것이다.[26]

그런데 과연 정말로 2014년 지방선거에서 빅데이터의 효과가 증명된 것일까? 설득력 있는 근거는 별로 없었다. 거꾸로 2016년 총선에서 정치인들은 빅데이터 분석을 철저하게 외면했다. 이러한 사실은 결국 2014년 지방선거에서 정치인들이 빅데이터로 별다른 재미를 보지 못했다는 방증이었다.

2016년 4월 2일자 『경향신문』 기사는 선거에 있어서 빅데이터의 실상을 보여준다. 『경향신문』은 "총선을 불과 열흘도 안 남겨놓은 시점이지만, 빅데이터로 선거 결과를 예측해 봤다는 이야기는 거의 나오지 않는다. (…) 말이 빅데이터지, 대부분 트위터 분석이었다. (…) 정치권에서도 '빅데이터 시대'라고 하니 처음에는 관심을 가졌지만 이들이 제시하는 결과물 대부분이 고만고만했다. 결국 한때의 유행이 되고 만 것이다"[27]고 보도하고 있다.

공동출구조사라는 무기를 지닌 지상파 방송사들과 경쟁해야 했던 『JTBC』는 페이스북의 방대한 빅데이터를 이용한 개표방송을 진행하겠다고 공언했다. 하지만 그 결과는 참담했다. 2016년 4월 15일 『뉴데일리』에 의하면 "뚜껑을 열어본 결과, 페이스북을 활용한 JTBC의 보도는 극히 미미했다. (…) 미국 본사 정치분석팀이 주도했다는 한글 빅데이터 분석 결과는 허무 개그에 가깝다는 평이 많았다. (…) 굳이 통계 분석을 거치지 않아도 누구나 알 수 있는 상식에 불과한 내용들이었다." 심지어 SNS 데이터에 대한 교차분석 결과를 보도했는데, "김무성 새누리당 대표를 팔로우하는 사람들이 제일 좋아하는 스포츠 스타는 김연아이고, 안철수 국민의 당 대표를 팔로우하는 사람들은 가수 싸이를 좋아한다"[28]는 등 정보로서의 가치가 미미한 보도로 일관했다.

결국 우리나라 선거에서 빅데이터는 한때의 유행으로 사그라들었다. 미국의 오바마 대통령이 했던 것처럼 빅데이터에 돈을 쏟아부으면 무언가 멋진 전략이 나오고, 선거에서의 승리가 보장된 것처럼 생각했다. 하지만 그런 생각이 물거품처럼 사라지는 데는 오랜 시간이 걸리지 않았다. 2014년 지방선거에서 한번 해보았더니, 기대했던 수준에 전혀 미치지 못했던 것이다. 한번 해보면 아는 것이다.

현장 vs 이론

하지만 많은 이들은 여전히 오바마 선거팀의 빅데이터 신화에 빠져 있었다. 그들은 2016년 총선이 빅데이터 선거가 될 것이라고 공언했다. 현장에서 무슨 일이 벌어지고 있는지 몰랐다면 게으른 지식인으로 비판받아야 마땅할 것이다. 만약 현장에서 기대했던 결과가 나오지 못하고 있다는 사실을 알면서도 빅데이터를 역설했다면 무책임한 지식인으로 비난받아야 할 것이다. 하지만 우리나라 지식인들은 이미 빅데이터에 대해 깊이 신뢰하고 있었다.

우리나라의 현장에서는 빅데이터가 성과를 내지 못해도, 많은 지식인들이 빅데이터 이론이 틀렸다고 생각하지 않는다. 신기한 일이다. 많은 지식인들은 거꾸로 생각한다. 빅데이터는 맞는데, 우리나라의 현장이 틀렸다고 생각한다. 미국의 학문을 수입해서 무언가 아는 척하는 지식인들에게 미국 이론은 틀릴 수도 없고 틀려서도 안 되는 것이다. 미국의 이론을 우리나라에 적용해서 성과를 내면 대단한 지식인으로 행세한다. 설혹 성과가 미흡하더라도 걱정할 필요는 없다. 우리나라의 현장이 잘못되었다고 비판하면 그만이기 때문이다.

이론과 현장이 서로 맞지 않는다면, 이론이 틀린 것이다. 이것은 학자에게 있어서 기본 중의 기본이다. 이론의 모태는 현장이기 때문이다. 하지만 우리나라의 많은 지식인들에게 있어서 이론의 모태는 현장이 아니라 미국 이론이었다. 그들에게 미국 이론은 신성불가침의 진리인 셈이다. 미국의 이론과 한국의 현장이 맞지 않으면, 한국의 현장이 틀렸다고 쉽게 판단해버린다. 그리고 한국의 많은 지식인은 한국의 현장을 미국의 이론에 맞게 고치려고 한다. 그리고 그것을 개혁이라고 여긴다. 신자유주의가 그러했고, 성과주의 제도가 그러했으며, 로스쿨 도입도 그

랬다. 이제 빅데이터도 그렇게 흘러간다. 답답한 노릇이다.

전문가와 데이터가 부족해 빅데이터 프로젝트가 실패했나?

2014년 지방선거와 2016년 총선거를 거치며 빅데이터의 실효성
이 현장에서 그리 높지 않음이 밝혀졌다. 이뿐만이 아니었다. 많
은 빅데이터 프로젝트들이 기대했던 성과를 도출하는 데 실패
했다. 빅데이터 프로젝트에 참여했던 지식인들의 열성이 모자
라거나 능력이 부족했기 때문이 아니었다. 처음에 기대했던 빅
데이터에 대한 환상, 즉 구글의 독감 예측Google Flu trends처럼 미래
를 기가 막히게 예측할 수 있으리라는 환상은 애초에 이론적으
로나 현실적으로나 실현될 수 없었다.

연이은 실패에 대해 필자가 비판을 가하는 것조차 민망스러
웠다. 이제 빅데이터가 잠잠해지겠지, 그리고 보다 더 이론적으
로 충실하고 현실적으로 의미 있는 기술에 대한 투자가 이루어
질 것이라 생각했다. 하지만 필자의 생각은 순진한 기대에 불과
했다. 대통령이 직접 과학기술전략회의를 주재하면서 외국을

추격하는 연구개발을 지양해야 한다고 지침을 내렸음에도 불구하고, 열흘 후 나온 정부의 대응은 연구개발 예산의 10%를 환수하여 빅데이터와 인공지능 등에 대폭 투자하겠다는 것이었다. 또다시 유행은 되풀이되었다.

그렇다면 연이은 실패에도 불구하고 학습이 이루어지지 않는 이유가 무엇일까? 앞서 지적하였듯이, 이론이 실패하면 이론을 수정해야 함에도 불구하고, 우리나라에서는 이상하게도 현장을 수정해야 한다는 논리가 득세한다.

몇 년 전부터 개최된 빅데이터 관련 세미나와 포럼에서 논의가 이루어진, 빅데이터의 실패 이유는 크게 두 가지로 압축된다.

첫 번째로 거론되는 빅데이터 실패의 이유는, 빅데이터 전문가가 부족한 현재 한국의 실정이다. 빅데이터라는 훌륭한 이론이 실패한 이유는 현장에서 빅데이터를 적용할 능력을 가진 전문가들이 없기 때문이라는 것이다. 그리고 빅데이터 전문가들을 키워내는 교육 프로그램을 적극적으로 도입해야 한다고 주장한다.

미래창조과학부와 정보화진흥원NIA이 2014년에 구축하여 운영하고 있는 빅데이터 센터가 있다. 여기에서 소셜 데이터로 빅데이터라는 단어를 검색한 결과가 〈그림 3〉이다.

〈그림 3〉 빅데이터 유행의 단면을 보여주는 빅데이터 연관 단어 검색

* 출처 | 빅데이터 센터(kbig.kr)

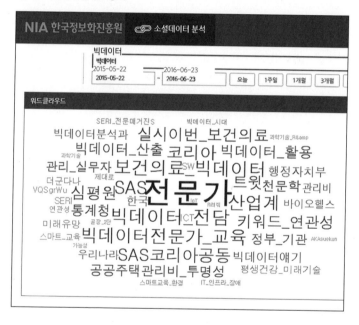

빅데이터라는 단어와 관련된 가장 중요한 단어들은 '전문가',

'빅데이터 전문가-교육', '양성과정' 등이었다. 어느덧 빅데이터 시장은 빅데이터를 분석해 나름의 시사점을 도출해내는 서비스 시장이 아니라 빅데이터를 가르치는 교육 시장으로 변모한 것이다. 빅데이터 옹호론자들이 소위 빅데이터 전문가를 키우고, 빅데이터 전문가들이 다시 빅데이터 옹호론자가 되는 양의 피드백 루프가 형성된다.

한편 오바마 선거팀의 빅데이터 리더였던 하퍼 리드는 "전문적인 직업으로서의 데이터 과학자라는 것은 헛소리일 뿐"이라고 주장했다. 빅데이터를 위한 학부 교육의 필요성에 대한 질문에 대해 리드는 "학부 교육은 중요하지 않다. 빅데이터 분석팀을 고용하는 데 어느 학교에서 어떤 학위를 받았는지는 전혀 중요하지 않았다. 얼마나 좋은 경험을 했느냐가 중요할 뿐이다"[29]고 주장했다.

하지만 우리나라의 빅데이터 옹호론자들은 리드의 주장에 귀 기울이지 않는다. 그토록 오바마의 빅데이터 선거팀을 신뢰하는 사람들이 리드의 주장은 모른 척하는 것이다. 이해하기 힘든 일이다. 하여간, 우리나라에서 빅데이터 산업이 성공하기 위

빅데이터는 거품이다

해서는 빅데이터 교육을 확대해야 한다고 주장한다. 통계 교육을 대대적으로 확대해야 한다고 주장하며, 심지어는 코딩 교육을 초등학교 교육과정에 도입해야 한다고 주장한다. 국민 모두를 빅데이터 전문가로 만들 심산이다.

두 번째로, 빅데이터 실패의 이유로 더 많이 언급되는 변명이 있다. 바로 데이터가 부족하다는 것이다. 빅데이터 연구를 하려면 빅데이터가 있어야 하는데, 빅데이터가 없기 때문에 기대했던 결과 즉, 빅데이터 산업의 부흥이 일어나지 않는다는 것이다. 그러고는 정부가 가지고 있는 빅데이터를 개방하라고 목소리를 높인다. 정부의 데이터를 개방하면 빅데이터 시장이 창출될 것이라는 것이다.

빅데이터 옹호론자들은 빅데이터 포털을 통하여 정부가 관리하고 있는 국민들의 개인정보를 공개하라고 난리다. 빅데이터 산업을 살린다는 명목으로 국민의 개인정보라는 비밀스러운 정보를 만천하에 공개하라는 위험한 발상까지 스스럼없이 제기하고 있다. 그래서 나온 것이 '빅데이터 포털'이다. 정부가 가지고 있는 데이터를 개방하고 공유하기 위하여 행정자치부와 한국정보화진흥원이 주도하여 '공공데이터 포털'을 만들었다. 여기에는 엄청난 개인 자료들이 담겨 있다. 누가 어느 지역에서 어떤 장사를 하는지까지 나와 있다. 개개인의 프라이버시가 위험한 수준이다. 그렇다고 무슨 대단한 산업이 창출되는 것도 아니다. 그럼에도 막대한 예산을 들여서 시민의 개인정보를 흘리는데 혈안이 되어 있다. 별다른 이유도 없이 말이다.

〈그림 4〉 정부의 공공데이터 포털

* 출처 | data.go.kr

'벌거벗은 임금님'과 빅데이터 거품

'벌거벗은 임금님' 이야기가 생각난다. 지금 이 모습은 세상에서 가장 가볍고 좋은 옷이라는 그럴듯한 거짓말을 늘어놓는 재단사에게 속은 왕이 벌거벗고 다니는 꼴과 다름없다. 빅데이터 거품에 놀아난 행정부가 아무런 대책 없이 개개인의 데이터를 무방비 상태로 만들어놓고 활보하는 모양이 지금 21세기 대한민국의 첨단 행정이다.

빅데이터 이론의 기초로 되돌아가서 생각해보자. 빅데이터가 왜 필요한가? 스마트폰과 SNS, 사물인터넷 등으로 인하여 데이터가 엄청나게 폭발하였기 때문이다. 이렇게 빅데이터가 어마어마하게 많다는 것, 그것도 매 순간마다 그런 빅데이터들이 산출된다는 것, 그것이 바로 빅데이터 분석이 필요한 이유였다. 그런데, 빅데이터 실패의 이유로 들고 있는 것이 빅데이터의 부족이다. 논리적 모순인 셈이다. 답답한 노릇이다.

정부의 개인정보 공개를 주장하는 빅데이터 옹호론자들은 개인을 식별할 수 있는 정보를 떼고 공개하면 누가 누군지 모를 거라고 주장한다. 2016년 8월 1일자 언론 보도에 따르면, 정부에서는 이러한 주장에 호응하여 '개인정보 비식별 조치 가이드라인'을 만들었으며, 이를 통하여 국민의 개인정보를 대대적으로 공개할 예정이라고 한다.[30]

하지만 빅데이터 분석 기술이 그것도 파악하지 못하는 정도의 수준일까? 굳이 빅데이터 분석 방법을 동원하지 않더라도, 개인의 정보와 신상을 확인할 수 있다고 한다. 위의 기사는 "이름, 나이, 혈액형, 혈압, 직업, 주거지 가운데 이름을 블라인드 처리하는 경우, 당장은 누구 정보인지 식별이 불가능하지만, 비슷한 유형의 다른 개인 정보와 결합되는 순간 재식별이 가능해진다"[31]는 학계와 법조계의 비판을 소개한다.

빅데이터가 너무 많아서 빅데이터 분석이 필요하다고 해놓고, 이제 와서 빅데이터가 부족하니 정부가 관리하고 있는 국민들의 개인정보를 공개하라고 한다. 그리고 또 말한다. 빅데이터 분석으로 개인을 식별할 수 없다고 말이다. 빅데이터 분석 기술이 그 정도 수준에 불과하다면, 그냥 빅데이터를 때려치우는 게 나을지 모른다. 어차피 개인 정보를 다 공개해서 가져다준다 한들 아무런 분석도 못할 것이기 때문이다. 어차피 빅데이터를 분석할 능력이 없으므로, 굳이 개인정보를 공개할 필요가 없게 되는 것이다.

다른 가능성도 있다. 개인정보를 감추었다고 하더라도, 빅데이터 분석 기술로 개인을 확인할 수 있을 수 있다. 개인만이 아니라 그 개인과 친한 사람들의 정보까지도 확인할 수 있는 것이 빅데이터 기술 아닌가? 그렇다고 한다면 국민의 개인정보를 공개해서는 안 되는 것이다. 결국 어떠한 경우에도 개인정보를 공개하는 것은 위험한 발상이다.

그럼에도 불구하고 계속해서 정부의 개인정보를 공개하라고 주장하는 이유는 무엇인가? 빅데이터 실패의 확실한 변명거리이기 때문이다. 개인정보에 접근하기 힘든 환경이 빅데이터의 발전을 가로막는 것이 사실이라면, 빅데이터 산업의 실패 이유를 빅데이터가 아닌 개인정보를 공개하지 않는 정부의 탓으로 돌릴 수 있으니 말이다. 정부는 빅데이터에 돈을 대는 것도 모자라, 또 빅데이터 실패의 원인으로 지목되어 욕을 먹는다.

3장 빅데이터는 미래를 예측할 수 없다

금단의 열매가 입에 단 법이다. 미래학을 전공하는 학자들, 그리고 시스템 다이내믹스 학자들은 후배 학자들에게 늘 강조한다. 미래를 예측할 수 있다며 거짓말하면 안 된다고. 불가피하게 미래를 예측하는 결과물을 만들어내야 할 때에라도, 발생 가능한 미래를 탐색하는 정도로 논의하는 선에서 멈춰야지 미래를 확실하게 예측할 수 있는 것처럼 말하면 안 된다고 말이다. 미래를 예측한다는 것이 얼마나 무모하고 위험한 일인지 선배 학자들은 오랜 경험을 통해서 체득했기 때문이다.

그런데 미래에 대한 이야기를 가지고 장사하는 사람들이 제일 먼저 하는 일이 바로 미래를 예측하는 일이다. 미래 예측의 허구성과 비현실성을 강하게 비판한 책으로 윌리엄 서든William A. Sherden이 쓴 『미래를 알고 싶은 욕망을 파는 사람들The Fortune Sellers』(2010)을 들 수 있다. 그는 최첨단의 방법으로 무장한 예측 전문가들의 예언은 고대 점성술사의 예언과 큰 차이가 없다고 단언한다. 그럼에도 불구하고 사람들은 엉터리 예언을 의심하기보다는 믿고 따르려는 본능을 지니고 있다. 그렇기 때문에 미래 예언에 관련된 시장이 전 세계적으로 200조 원에 달할 정도로 성장했다는 것이다.[32]

구글의 독감 예언

미래 예측은 이상한 마력을 지닌다. 원래 미래 예측은 종교의 영역에 속한 신비의 능력이었다. 신의 계시를 받은 예언자들만이 미래를 예측할 수 있었다. 빅데이터가 미래를 예측해준다는 믿음이 퍼지면서, 빅데이터는 과학적이고 합리적인 논쟁의 대상이 아니라 종교적 숭배의 대상으로 변화했다.

빅데이터가 빠른 속도로 유행한 것은 빅데이터가 미래를 예측할 수 있는 놀라운 능력을 가졌다는 주장 때문이었다. 이러한 주장의 근거로 늘 제시되었던 것이 구글의 독감 예측에 관한 논문이다. 2009년 저명한 학술 잡지인 『네이처Nature』에 실렸던 이 논문 덕분에 빅데이터의 미래 예측 능력은 각광을 받았다. 그런데 놀라운 사실이 있다. 이 논문의 내용은 미래 예측과는 아무런 관련이 없는 논문이라는 점이다. 수많은 오해와 과장을 거치면서 이 논문은 빅데이터의 미래 예측 능력을 확증하는 근거로 포장되어 전 세계에 영향을 끼쳤다.

2011년 우리나라 국가정보화전략위원회의 보고서에서도 구글 독감 예상 그래프가 빅데이터의 파워를 뒷받침하는 중요한 근거로 제시되어 있다. 이 보고서는 '구글의 독감 예상치와 실측 데이터'라는 제목의 그래프를 제시하고 있다. 이 그래프를 보면, 구글의 예상치와 미국의 실제 독감 데이터가 놀라울 정도로 일치하고 있다. 과거에 그 어떤 미래 예측 방법도 이렇게 정교하게 미래를 예측할 수는 없었다. 이것은 기적과도 같은 일이었다.

그런데 과연 그럴까? 기적처럼 놀라운 일을 대했을 때는 일단 의심을 해야 한다. 불과 몇 년 전, 물로 가는 자동차를 개발했다고 발표한 사람이 있었고 이 사람을 믿고 투자했다가 재산을 날린 사람도 있었다. 기적 같은 일에 대해서는 무조건 믿지 말고 의심을 해보아야 한다. 그것이 바로 합리적 의심이다. 적어도 한 사회의 지식인이라면 합리적 의심을 제기할 줄 알아야 한다. 그것이 지식인이 지녀야 할 최소한의 덕목이다.

〈그림 5〉 구글의 독감 예상치와 실측데이터

* 출처 | 국가정보화전략위원회, 「빅데이터를 활용한 스마트 정부 구현(안)」

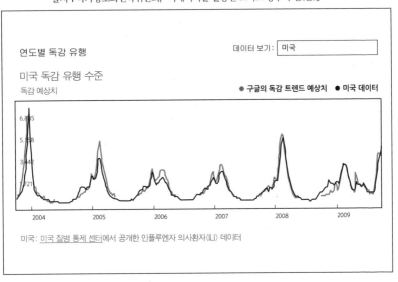

한데, 우리의 많은 지식인들은 최소한의 합리적 의심조차 제기하지 않았다. 기적과도 같은 성과를 발표한 주체가 미국의 대기업인 구글이라면, 합리적 의심을 제기하는 행동은 불경스럽

빅데이터는 거품이다

게 여겨진다. 윌리엄 서든이 말한 그대로, 아무도 의심하지 않았다. 오히려 구글의 마력에 편승했다. 사정이 이러하니, 빅데이터가 미래를 정확하게 예측할 수 있다는 주장은 별다른 의심 없이 널리 퍼져나갔다.

구글 독감 논문의 실체

독감 예상에 관한 구글의 연구가 『네이처』에 발표된 것은 2009년 2월 19일이었다. 제레미 긴즈버그 Jeremy Ginsberg를 비롯한 구글과 CDC의 연구자 6명이 공동으로 작업한 논문이었다. CDC 란 'Center for Disease Control and Prevention'으로 우리나라로 치면 질병관리본부 정도 되는 기관이다.

그런데 이 논문의 제목을 잘 보아야 한다. 논문의 제목은 「Detecting influenza epidemics using search engine query data」이었다. 여기서는, 논문의 제목에 예측이나 예언을 의미하는 'predicting'이라는 단어가 아니라 진단을 의미하는 'detecting'이라는 단어가 사용되었다는 점에 유의해야 한다. 이 논문의 제목만 그런 것이 아니다. 이 논문의 본문에서도 예측이라는 말은 한 번도 사용되지 않는다. 단 한 번 '95% prediction level'이라는 단어가 사용되긴 했지만, 이때의 prediction이라는 단어는 예측이라는 의미가 아니라, 통계학의 '신뢰수준'을 의미하는 용어일 뿐이다. 결국 이 논문은 미래의 예측을 논의하는 논문이 아니었다. 그저 이미 발생한 독감 환자들의 대화를 진단하여 독감이 어느 정도 퍼져 있는지를 '추산'하는 논문이었다.[33]

다음의 그래프가 「Detecting influenza epidemics using search engine query data」에 실려 있는 그래프이다. 이 그래프가 빅데이터의 미래 예측 능력에 대한 전적인 믿음의 근거가 된 그 그래프이다. 그래프의 세로축은 ILI 비율이다. ILI란 'influenza like illness'로서 '독감 의심 환자' 정도로 생각하면 된다. 검은 실선이 구글의 추정값이다. 추정값estimate이지 예측값이 아니라는 점을 명심해야 한다. 미래의 변화를 예측한 것이 아니다. SNS상의 대화를 검색하여 1차로 분석하고, 2차로 인구 전체에 독감이 퍼져 있는 정도를 추론한 추정값이다.

빅데이터는 거품이다

〈그림6〉 독감 의심 환자에 대한 구글의 추정치와 CDC의 보고

* 출처 | Ginsberg et al., 「Detecting influenza epidemics using search engine query data」

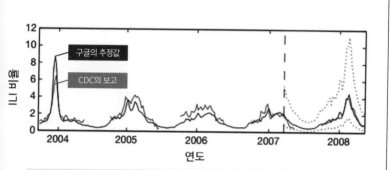

미국 동부 연안의 독감 의심 환자에 대한 구글의 추정치와 CDC 보고를 보여주는 그래프다. 그래프의 나타난 점선은 95%의 예측구간, 95% Prediction interval을 가리킨다. 조사 지역에 포함된 곳은 뉴욕, 뉴저지, 펜실베니아다.

그래프의 제목에는 estimates, 즉 추정치라는 단어를 사용하고 있다. estimates라는 단어나 detecting이라는 단어의 의미를 대충 뭉뚱그려서 예상 또는 예측이라고 생각하면 안 된다. 그런데 빅데이터에 관한 많은 보고서에는 estimate라는 단어를 '예상치'로 번역하여, 미래를 예측한 값이라는 오해를 발생시킨다. 추정은 과거의 데이터를 분석해서, 그 데이터가 발생했을 그 시간에 전체 인구의 몇 퍼센트가 독감에 걸렸을지 보여줄 뿐이다. 과거의 데이터를 가지고, 미래를 예측하는 게 아니라는 말이다.

이들의 그래프를 조금 더 자세히 살펴보자. 독감이 발생하는 초기에는 CDC의 보고가 구글의 추정값을 선행하여 치고 올라간다. 그러고 나서 독감이 수그러드는 단계로 접어들면 구글의 추정값과 CDC의 보고가 앞서거니 뒤서거니 한다. 일단 독감이 발생하고 나면 어느 정도 시간이 지나고 나서 독감이 수그러들기 마련이다. 수그러드는 단계에서의 독감 추정은 별로 어렵지 않다.

문제는 독감이 발생하는 초기에 독감의 유행을 얼마나 빨리 알아내는가이다. 그런데 구글은 독감에 걸린 사람들이 병원에 가서 진단을 받고 친구들에게 독감에 걸렸다고 이야기하면, 그제야 비로소 독감을 진행 상황을 파악할 수 있는 것이다. 독감이 발생하는 초기에는 구글보다 CDC가 더 잘 알 수밖에 없다. 이후의 독감 확산에 관해서, 구글은 SNS상에서 오가는 대화를 분석해서 추정하는 것일 뿐이다.

그림의 뒷부분에는 점선이 위 아래로 표시되어 있다. 그리고 아래의 설명에서 위아래의 점선 사이의 구간이 '95% prediction intervals'을 의미한다고 지적하고 있다. 여기가 바로 이 논문에서 prediction이라는 말이 유일하게 등장하는 곳이다. SNS 대화 분석을 통해서 전체 인구 중 독감 환자의 비율을 최대로 추정한 값이 위의 점선이고 최하로 추정한 값이 아래의 점선인데, 실제 독감 전염이 그 안에 위치할 확률이 통계학적으로 95%라는 의미이다. 구글은 그 범위 안에서 중간 정도에 해당하는 검은색 실선으로 추정했고, 그것이 실제로 CDC에 의해 보고된 값과 128개 지역에서는 0.85의 상관관계를 지녔다는 분석이다.

다시 한 번 말한다. 이 논문의 필진들은 구글의 빅데이터 분석이 미래를 예측할 수 있다고 말한 적이 없다. 하지만 이들의 논문은 빅데이터 분석이 가장 강력한 미래 예측 도구라는 주장의 근거로 이용되고 포장되어 확산되었다. 이들의 연구는 세계 각국으로 퍼져나갔다. 2년 정도 흐른 다음에는 우리나라에 상륙하여, 빅데이터가 가장 중요한 국가 전략이 되어야 하며, 빅데이터를 준비하지 않으면 국가경쟁력을 상실하여 국가 간의 경쟁에서 뒤처질 것이라는 선언의 핵심 명분이 되기에 이르렀다. 하지만 거기에는 아무런 합리적 근거가 없었다.

구글의 독감 예측 실패

구글의 트렌드 검색 도구가 과연 그토록 훌륭한 미래 예측 도구인가? 과연 그것이 말이 되는가? 4년 후인 2013년 2월 14일 데클란 버틀러Declan Butler는 『네이처』에 구글의 독감 예측 실패에 대해 다룬 논문 「When Google got flu wrong」을 발표하였다. 이 논문에서 버틀러는 구글의 분석은 CDC 보고와 엄청난 차이를 보이는 경우가 종종 있었다고 보고한다.[34] 그러한 차이를 줄이기 위해 구글은 계속해서 알고리즘을 수정해야 했다.

하지만 계속된 알고리즘 수정에도 불구하고, 2013년 1월 구글의 독감 추정값은 CDC의 추정값과 엄청난 차이를 보였다. 다음의 그림을 보면, CDC가 보고한 독감 환자 비율은 6% 정도인데 비해 구글의 추정치는 10%가 넘었다. 이는 엄청난 차이였다.

<그림7> Google Flu Trends, CDC data, Flu Near You 간 비교

* 출처 | Butler, 「When Google got flu wrong」

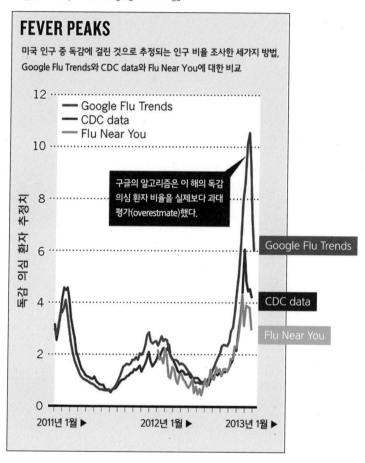

이에 비해 'Flu Near You'라는 방식에 의한 추정값은 CDC의 추정값에 훨씬 가까웠다. 구글의 분석보다 높은 정확도를 보인 것이다. Flu Near You는 존 브라운스타인[John Brownstein]이 2011년도에 만든 독감 추적 및 보고 프로그램으로서 46,000명의 일반인들이 참가하여 자신 혹은 친지가 독감에 걸렸는지 보고하는 방식으로 정보 수집이 이루어진다.

모든 사람들의 SNS 대화를 커버하려고 하는 구글의 방대한 분석은 현실을 정확하게 반영하는 것이 아니라 오히려 현실을 과장하는 경우가 많았다. 실제로 독감이 퍼지기 시작하면, 독감에 감염되는 사람들은 전체 인구의 5%에 불과하지만, 거의 모든 사람들이 독감에 걸릴 것을 우려하는 대화를 한다. 브라운스타인은 그러한 왜곡을 피하기 위하여 소수의 자발적 참여자들을 모집하여 독감에 관한 보다 정확한 정보를 수집하고자 하였다.

구글이 빅데이터를 분석하였다면, 브라운스타인의 Flu Near You는 스몰데이터를 분석하였다. 많은 사람들은 크면 클수록 좋고, 많으면 많을수록 좋다고 믿는다. 이런 사람들은 당연히 빅데이터를 더 신뢰한다. 하지만 현실은 그렇지 않다. 거대한 것이

반드시 좋은 것은 아니다.

'보니니의 역설'을 보여주는 빅데이터

컴퓨터 시뮬레이션 학자들은 '보니니의 역설Bonini's paradox'을 알고
있다. 보니니의 역설은 흔히 컴퓨터 모델이 크면 클수록 좋을 것
이라고 생각하지만, 실제로는 그렇지 않다는 것이다. 컴퓨터 모
델이 커질수록 가치가 떨어진다는 역설이다. 이 세상의 복잡한
문제와 현상을 파악하고 해결하기 위한 방법으로 컴퓨터를 통
한 모델링과 시뮬레이션이 주목을 받았다. 모델링과 시뮬레이
션은 20세기에 들어와 소수의 학자들에 의해 연구되기 시작했
다. 모델링은 어떤 현상을 특정하고 명확한 목적에 맞춰 이해하
기 쉬운 형식으로 표현하는 것을 가리키고, 시뮬레이션은 모델
링을 거쳐 만들어진 틀을 이용해 특정 대상에 대한 모의실험 진
행하고 그것의 특성을 밝히는 과정을 말한다.

컴퓨터 모델링과 시뮬레이션 방법은 너무나 강력해 보였다.
일반인들은 물론이고 많은 학자들까지 점점 더 큰 컴퓨터를 사

용해서 더욱 복잡하게 모델링을 했고, 시뮬레이션을 거치면 미래를 정확하게 예측할 수 있을 것이라는 환상을 갖게 되었다.

하지만 현실은 그렇지 않았다. 컴퓨터 모델이 점점 더 거대해질수록, 그 모델은 현실과 비슷해져서 더 이상 이해할 수도 없고, 더 이상 수정할 수도 없게 되어버렸다. 현실을 이해하기 위해 모델링을 하는 것이다. 그런데 모델이 또 하나의 현실이라고 할 만큼 거대하고 복잡해지면서, 이해할 수 없는 또 다른 현실이 등장한 상황과 다름없어진 것이다. 이것이 바로 보니니의 역설이다. 그렇기 때문에 경험이 많은 컴퓨터 모델링 학자는 모델을 단순하게 만드는 것의 중요성을 역설한다. 모델이 단순해야 이해하기 수월하고, 수정과 보완이 편하며, 현실에 맞는 전략적 시사점을 발견해내기도 쉽기 때문이다.

사실 빅데이터에 근거한 모델보다 스몰데이터에 근거한 모델을 만들기가 훨씬 더 어렵다. 빅데이터에 기반한 모델은 아무리 많은 결함이 있다고 하더라도, 그 결함이 수천 개의 변수들 속에 숨어 있어서 잘 보이지 않는다. 하지만 스몰데이터에 기반한 모델의 경우에는 결함이 금세 드러난다. 그렇기 때문에 모델

빅데이터는 거품이다

링을 잘 못하는 사람들은 자신의 모델을 점점 더 복잡하게 만들어서 그 취약점을 숨기고 싶어 하는 법이다.

그리고 무엇보다 스몰데이터에 의한 모델이 빅데이터에 의한 모델보다 훨씬 더 많은 시사점을 제공한다. 이런 점에서 브라운스타인의 Flu Near You의 스몰데이터는 설득력이 있다. 사실 빅데이터보다 스몰데이터가 더 중요한 법이다.

최근 스몰데이터로 주목받는 사람은 마틴 린드스트롬Martin Lindstrom이다. 그는 "빅데이터는 소비자 행동의 '전체 그림'을 보여주지는 않는다"며 이어서 "스몰데이터를 통해 사람들 본 모습을 알 수 있다"[35]고 말했다. 빅데이터는 방대한 데이터에 대한 통계적 분석을 수행하여 상관관계correlation를 찾는다. 이에 반해 스몰데이터는 원인과 결과의 관계, 즉 인과관계casual relation를 파악한다. 사업을 계획하는 사람들이나 미래의 정책을 고심하는 사람들에게 상관관계는 인과관계에 비해 중요하고 핵심적인 시사점을 제시하지 못한다. 비즈니스에 있어서 중요한 것은 원인과 결과의 관계이지, 통계적인 상관관계가 아니다. 빅데이터는 상관관계를 찾을 수는 있지만 인과관계를 확인할 수는 없다. 인과관계는 빅데이터가 아니라 스몰데이터에서 찾을 수 있는 것이다.

케플러는 하늘에 떠 있는 수억 개의 별들의 운행에 관한 빅데이터를 분석하여 흔히 '케플러 법칙'이라고 일컬어지는 행성 운동의 법칙을 발견한 것이 아니다. 단 하나의 별, 화성의 움직임을 분석하여 케플러는 행성 운동의 법칙을 발견했다. 페니실린을 발견한 플레밍도 마찬가지다. 플레밍은 수많은 균과 시약의 상호작용을 보여주는 데이터를 분석하지 않았다. 휴가를 다녀온 플레밍은 자신이 균을 배양하던 접시에 곰팡이가 피어 있고 유독 거기에는 균이 자라지 못했다는 사실을 발견했다. 이 단 하나의 접시, 단 하나의 데이터에서 플레밍은 페니실린을 발견했다.

빅데이터는 거품이다

4장 '지적 유행'의 세가지 조건
: 타짜, 호구, 바람잡이

빅데이터의 허점을 파악하는 데에는 깊은 지식이 필요한 것이 아니다. 그럼에도 불구하고 빅데이터 열풍이 대한민국 사회 전체에 걸쳐서 5년 넘게 세차게 불고 있는 이유는 무엇일까?

한 가지 원인만으로 발생하는 사건은 없다. 그렇기에 한 가지 원인으로, 단선적으로 사건을 파악하려는 것은 옳지 못하다. 구조와 행위 사이에서, 시스템과 사람 사이에서 나타나는 양상의 다양한 모습을 면밀하게 고려해야 한다. 그것이 과학이자 상식일 것이다. 시스템을 만든 것은 인간이지만, 동시에 인간은 시스템의 영향으로부터 자유로울 수 없다. 빅데이터의 유행 또한 이러한 전제를 기반에 두고 봐야 한다.

한국에 부는 빅데이터 열풍의 발생 원인을 개인이 아닌 다른 곳에서 찾아볼 필요가 있다. 아무리 개인이 성실하고 똑똑하다고 하더라도, 사회가 잘못되어 있으면 모두 다 잘못 갈 수밖에 없다. 우리나라 청소년 개개인이 아무리 똑똑하고 창조적이라고 하더라도, 사회의 대학 입시 제도가 창조성과 거리가 먼 암기만을 강요한다면, 어쩔 수 없이 그렇게 갈 수밖에 없는 것이다. 아무리 우리나라 연구원들이 유능하고 성실하다고 하더라도, 정부에서 요구하는 연구를 정책의 방향을 따를 수밖에 없고 영수증 처리를 비롯한 행정 업무의 부담이 많다면, 그저 그렇게 갈 수밖에 없다. 다른 나라 따라가는 것은 어떻게 해볼 수 있겠지만, 창조적인 연구 성과를 기대할 수는 없다. 50년 평생 1년 365일 창조적인 연구를 하지 못하게 해놓고, 왜 노벨상을 받지 못하느냐고 닦달해봐야 소용없는 일이다.

그렇다면, 우리나라에서 빅데이터의 유행을 지속시키는 사회 메커니즘은 무엇일까? 이 질문에 답하기 앞서 우리나라에서 빅데이터의 유행이 어떤 모습으로 지속되고 있는지를 살펴볼 필요가 있다.

차도살인지계

빅데이터가 진실이냐 거품이냐를 따지는 것은 사실 우스운 일이다. 상식을 벗어나는 주장을 하는 사람들과 상식을 가지고 논쟁을 하는 것은 피곤한 일이다. 내일 당장 지구가 멸망한다고 주장하는 종말론자를 설득할 수 있는 방법은 사실상 없다. 이런 상황에서 가장 효과적인 방법은 차도살인지계借刀殺人之計, 즉 상대방의 칼로 상대방을 베어버리는 전략이다. 종말론을 퍼뜨린 예언자가 거액의 적금을 들고 있다는 사실을 보여주면 그를 따르던 사람은 그에게 등을 돌릴 것이다.

차도살인지계를 가장 효과적으로 사용한 사람으로 앨런 소칼Alan D. Sokal과 장 브리크몽Jean Bricmont을 들 수 있다. 이들은 『지적 사기Fashionable Nonsense: Postmodern Intellectual's Abuse of Science』(2000)라는 책을 써서 전 세계 학계에 충격을 줬다. 이들은 유럽 현대철학자들의 현학적인 철학적 논쟁의 허구성을 폭로하고자 했다. 이들은 유럽의 저명한 철학자들의 스타일을 흉내 내어, 난해한 물리학 용어를 엉터리로 사용한 논문을 작성했다. 그리고 이렇게 작성된 엉터리 논문을 유럽 철학자들이 운영하는 학술 저널에 투고하여 발표했다. 그러고 나서 이들은 폭로했다. 그 논문은 사실 난해한 용어를 마구 갖다가 쓴 엉터리 연구라는 점, 그리고 유럽 철학자들의 심오해 보이는 철학이 사실은 '지적 사기'라는 점을 말이다.[36] 그야말로 차도살인지계인 셈이다.

한국과 미국의 빅데이터 유행에는 차이가 있다

2011년 11월 7일을 기점으로 시작된 빅데이터 유행이 우리나라에서 어떠한 모습으로 진행되어왔는지 빅데이터의 원조인 '구글 트렌드'를 통해서 살펴보자. 사실 '다음 검색트렌드'를 사용하려고 했지만, 다음 검색트렌드 서비스는 2013년 10월 15일자로 종료되었다. 어쩔 수 없이 구글 트렌드를 사용하였다.

먼저 구글 트렌드에 빅데이터라는 단어를 입력해서 그 트렌드를 살펴보았다. 1장에서 언급한 바와 마찬가지로 우리나라에서 빅데이터는 2011년 후반부터 유행을 타기 시작한다. 구글 트렌드를 보면 2011년 초반에 벌써 빅데이터에 대한 언급이 등장하고 있다는 점을 알 수 있다. 또한 전반적으로 이명박 정부에서보다 박근혜 정부에서 훨씬 더 높은 빈도로 빅데이터가 언급되고 있다는 점을 확인할 수 있다. 빅데이터 유행은 2011년부터 2016년까지 지속적으로 확대되며 더욱 더 강력해졌다.

〈그림 8〉 한국과 미국의 빅데이터 구글 트렌드 비교 1

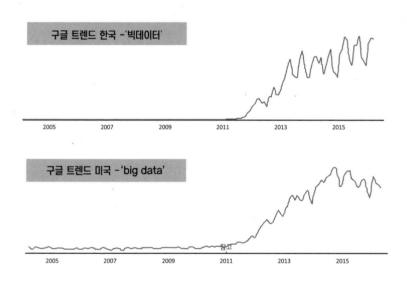

이번에는 구글 트렌드에서 big data로 검색하고, 미국 지역으로 한정해서 살펴보았다. 미국에서도 2011년도 후반부터 빅데이

터의 유행이 상승세를 탄 것으로 보인다. 다만 우리나라와 달리
2014년 후반에 빅데이터의 유행이 정점에 이른 뒤 서서히 내려
가는 경향을 보인다.

우리나라와 미국의 빅데이터 유행을 조금 더 자세히 비교해
보기로 하자. 트렌드 그래프를 보면 세 가지 특기할 만한 차이
점을 발견할 수 있다. 첫째, 미국에서는 빅데이터에 대한 관심이
2011년 이전에도 꾸준하게 있었지만, 우리나라의 경우 전혀 없
었다는 것이다. 우리나라의 경우 아무런 준비 과정 없이, 예열하
는 시간 없이, 빅데이터가 2011년 후반에 갑자기 등장했다.

빅데이터에 대한 아무런 준비가 없다가 2011년도에 들어서
갑자기 빅데이터가 유행하기 시작했다는 것은 무엇을 의미하는
가? 이는 우리나라에서의 빅데이터 유행은 외국의 빅데이터 유
행을 모방 내지 수입해온 것이라는 사실을 의미한다. 미국의 경
우 2011년 이전에도 적지만 꾸준히 빅데이터에 대한 관심이 존
재했었다. 조금씩 그리고 천천히 빅데이터 개념에 대한 관심이
높아지다가, 어느 시점부터 탄력을 받아서 유행의 물결을 탄 것
이다. 하지만 우리의 경우 그러한 준비 기간이 없었다. 우리의

빅데이터 유행은 미국에서 수입한 것이다.

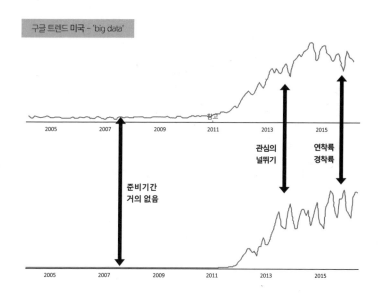

〈그림 9〉 한국과 미국의 빅데이터 구글 트렌드 비교 2

둘째, 한국의 빅데이터에 대한 관심의 등락폭이 미국보다 현저하게 크다. 빅데이터에 대한 관심은 2014년부터 급격히 올라갔다가 급격히 내려갔다가 하는 요동fluctuation 현상을 보인다. 이렇게 빅데이터에 대한 관심이 요동치는 것을 여러 가지 측면에서 해석할 수 있다. 가장 중요한 점은 빅데이터에 대한 관심이 '아래로부터bottom-up'의 자발적인 관심이 아니라는 것이다. 즉, 우리 사회의 지식인들과 언론인들의 빅데이터에 대한 관심은 자발적인 것이 아니었다. 만약 그렇다면 빅데이터에 관한 관심이 이토록 격렬하게 요동칠 리 없다.

우리나라에서 빅데이터에 대한 관심은 '아래로부터의 관심'이 아니라 '위로부터top-down의 관심'이라고 할 수 있다. 즉, 정부에서 빅데이터가 중요하다고 강조하니까 언론과 민간에서 따라가는 패턴이다. 그러다가 정부의 움직임이 잠잠해지면, 언론 역시 조용해진다. 우리나라의 정부 부처는 대체로 봄과 가을에 주요 정책을 발표하곤 한다. 새해를 맞이해서 새로운 정책을 발표하고 가을에 정책의 성과를 보여줌으로써 연말과 연초에 있을 자리 이동에 대비하는 것이다. 공교롭게도 우리나라에서 빅데이터에 대한 관심이 급격히 증가하는 시기는 대체로 봄과 가을이다.

셋째, 미국의 경우 2015년에 들어서면서 빅데이터의 유행이

빅데이터는 거품이다

연착륙하는 경향을 보이고 있지만, 우리나라의 경우 동일한 파고의 요동이 반복된다. 이러한 패턴을 복잡계 이론에서는 한계 궤도limit cycle라고 해서 혼돈의 한 형태로 이해한다.

왜 이런 혼돈이 발생하는 것일까? 그 원인 중 하나는 과거에 대한 반성과 성찰이 제대로 이루어지지 않는 현재의 상황에 있다. 빅데이터에 대해 관심이 쏠렸다가, 그 관심이 금방 식었다가 하는 과정을 거치면서도 아무런 반성이나 비판이 없다는 것이다. 만약 진지한 반성과 비판이 있었다면, 그 등락의 폭이 좁혀질 것이기 때문이다. 마치 우리 사회 전체에 기억력이 없는 것처럼, 햇수가 아무리 바뀌어도 과거의 등락이 그대로 되풀이되고 있다.

이렇게 해서 우리나라 빅데이터 유행의 세 가지 특성을 정리할 수 있다. 첫째, 우리나라의 빅데이터 유행은 미국에 대한 모방이며 미국으로부터 수입한 것이다. 둘째, 우리나라의 빅데이터 유행은 정부에 의해 주도된, 위로부터의 유행이다. 셋째, 우리나라의 빅데이터 유행은 반성과 비판이 없는 유행이다.

이렇게 빅데이터의 과거 추이를 살펴봄으로써, 우리나라의 빅데이터 유행에서 나타나는 특성을 짐작할 수 있다. 이러한 특성은 빅데이터 유행의 원인이 되는 사회 메커니즘을 찾는 데 힌트를 준다.

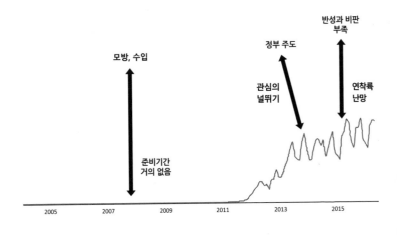

〈그림10〉 빅데이터 유행의 시작과 이후 추이

빅데이터는 거품이다

타짜, 호구, 바람잡이가 지적 유행을 만든다

빅데이터 유행은 지적 유행이다. 컬럼비아대학교의 에릭 에이브러햄슨Eric Abrahamson 교수는 1996년 기업에서 유행하는 각종 경영기법들이 실제로는 유행fashion에 불과하다고 주장했다.[37] 그의 주장은 아마도 미국에서보다 우리나라에서 훨씬 더 설득력이 높을 것이다.

지적 유행이 확산되기 위해서는 세 가지 조건이 필요하다. 첫째는 여유 자원이 있어야 한다. 지적 유행은 고급스러운 유행이다. 많은 돈이 있어야 유지된다. 먹고사는 것이 급한 가난한 나라에서는 빅데이터 유행이 지속되기 어렵다. 여유 자원이 어느 정도 있는 사회라야 지적 유행이 확산될 수 있다. 가장 일반적인 여유 자원은 정부의 예산이다.

둘째, 인센티브가 필요하다. 정부의 여유 자원을 유행에 참여하는 지식인들에게 분배해주는 인센티브 제도가 정립되어 있어야 한다. 자신에게 돌아올 이익이 있어야 지식인과 기업체가 지적 유행에 뛰어든다.

셋째, 지적 풍토가 어느 정도 열악해야 한다. 돈을 바라보고 유행을 쫓아가는 사람들을 스마트하다고 치켜세워주는 성숙하지 못한 지적 풍토가 있을 때, 지적 유행을 부끄러워하지 않는다. 오히려 많은 사람들이 지적 유행에 편승하는 것을 자랑스러워한다. 실제로 지적 유행에 편승하는 것이 출세의 지름길이 되기도 한다. 지적 유행에서 멀어진 지식인들은 시대에 뒤처진 듯한 느낌이 들어 불안해하기도 한다. 이렇게 천박한 지적 풍토가 조성되어 있을 때, 지적 유행은 비로소 꽃피게 된다.

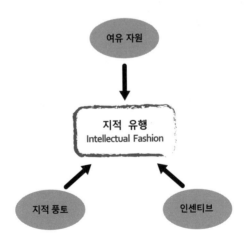

〈그림11〉 지적 유행의 세 가지 조건

지적 유행의 조건을 조금 더 이해하기 쉽게 말해보자. 사기도박이 성사되려면 세 가지 조건이 충족되어야 한다. 첫째, 돈을 주체하지 못하는 호구가 있어야 한다. 호구가 돈을 잃어주어야 사기도박이 유지될 수 있다. 이것은 여유 자원에 해당된다. 둘째, 이 돈을 뺏어 먹을 수 있는 기술자들 즉, 타짜들에게 인센티브를 주어야 한다. 비록 타짜와 같은 기술을 가지고 있지 않지만 도박 장소를 제공해주는 하우스 운영자들에게도 위험을 감수할 만큼의 인센티브가 주어져야 한다. 셋째, 호구와 타짜를 엮어주는 바람잡이들이 있다. 바람잡이들은 호구들의 도박 능력을 과도하게 칭찬해주고, 호구들에게 근거 없는 자신감을 불어넣는다. 바람잡이의 역할은 천박한 지적 풍토를 조성하는 일이다.

대한민국의 빅데이터 유행 메커니즘
: '빅데이터 옹호론자', 빅데이터 관련 업체, 정부

우리나라의 빅데이터 유행은 지적 유행의 세 가지 조건이 잘 충족된 전형적인 사례이다. 먼저 미국의 빅데이터 유행을 수입해오는 역할은 '빅데이터 옹호론자'들이 수행한다. 이들이 미국의 성공 사례를 들어 빅데이터 연구의 필요성을 부각시키면, 마치 기다렸다는 듯이 정부는 돈을 풀어 프로젝트를 발주한다. 이 세계에서는 정부 예산을 '눈먼 돈'이라고도 부른다.

이렇게 해서 빅데이터 시장의 규모가 점점 더 커지면, 이제는 데이터 분석 기술을 가지고 있는 업체들이 진입하게 된다. 이들은 꽤 큰 데이터들을 다루면서 화려한 그래픽으로 무언가를 보여주기도 한다. 이들의 화려한 기술에 매료된 정부 공무원들은 앞으로 더 많은 돈을 풀어 빅데이터 시장을 키워야겠다는 생각을 한다. 빅데이터 시장이 커질수록, 점점 더 많은 지식인들이 빅데이터 전문가로 변신한다. 이렇게 해서 빅데이터라는 지적 유행을 둘러싸고, 빅데이터 옹호자와 정부와 빅데이터 업체로 이루어진 '철의 삼각관계iron triangle'가 완성된다.

이러한 철의 삼각관계가 빅데이터의 규모를 증폭시키는 양의 피드백 루프를 형성한다. 양의 피드백 루프는 계속해서 증폭시키는 힘을 의미한다. 빅데이터의 판이 커지면, 빅데이터 전문가를 자처하는 사람들이 많아지고, 빅데이터 전문가들이 많아지면 그 판이 또다시 커진다. 이러한 양의 피드백 루프는 빅데

빅데이터는 거품이다

이터 옹호자들에게는 선순환virtuous circle으로 여겨지겠지만, 사회 전체의 입장에서 보면 악순환vicious circle이다. 이렇게 철의 삼각관계는 스스로 성장하는 메커니즘을 지닌다. 이러한 '자가 증식'을 견제할 수 있는 비판적 지식인들이 존재하지 않는다면, 이 악순환은 고삐 풀린 암세포처럼 순식간에 사회 전체로 번져나간다. 이들의 급속한 성장은 정상적인 세포들을 질식시키고, 사회는 깊은 병을 앓게 된다.

<그림 12> 한국에 빅데이터 유행을 일으키는 철의 삼각관계

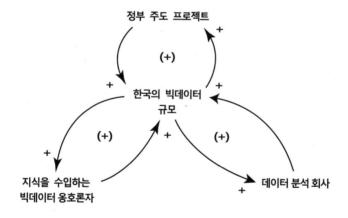

철의 삼각관계 내에서 손해 보는 사람은 없다. 모두가 승자다. 빅데이터 전문가들은 미국에서 발전된 개념을 수입해서 소개만 하면 된다. 굳이 어려운 개념을 공부해서 새로운 이론을 만들고 정책으로 연결시키는 수고를 할 필요가 없다. 발 빠르게 미국 개념을 수입해서 소개하면 하루아침에 빅데이터 전문가로 등극한다.

그렇기 때문에 우리나라의 지식인들은 학자의 가장 중요한 덕목으로 영어를 꼽는다. 영어를 잘해야 남들보다 빨리 미국에서 유행하는 개념을 수입할 수 있기 때문이다. 언젠가부터 대부분의 대학교에서 영어 강의가 확대되기 시작하더니, 한국사도 영어로 강의하라고 하고, 심지어 중국 문화 강의도 영어로 하라고 한다. 20세기 초반 우리나라 학교에서는 일본어로 수업이 이루어졌다. 21세기 초반 우리나라 강의실에서는 영어로 강의가 진행된다. 황당한 일이다. 그런데 이 황당한 상황을 많은 지식인들이 당연하다고 생각한다.

몇 년 전 TV에서 노벨상 수상자로 선정된 일본 학자가 영어로 더듬거리며 인터뷰하다가 포기하고 일본어로 수줍게 인터뷰하는 장면을 보았다. 참으로 순수하고 고매한 광경이었다. 원어민에 가까운 영어 발음 하나 믿고 학자인 양 젠체하는 우리의 천박한 지식 풍토가 부끄러웠다.

정부가 주도하여 프로젝트를 발주하고, 여기에 업체들이 참여해서 프로젝트를 수행한다. 빅데이터에 현혹된 정부는 빅데이터라는 단어가 들어가야 멋있는 프로젝트라고 생각한다. 기업은 정부 의견을 따라갈 수밖에 없다. 2013년 10월 15일 『디지털타임스』의 「빅데이터만 대접, 클라우드는 홀대」라는 기사는, 정부가 발주하는 프로젝트를 따기 위해서 기업이 빅데이터를 활용할 수밖에 없는 한국의 상황을 보도하고 있다. 한 외국계 컨설팅 업체의 임원으로 소개된 취재원은 "클라우드 사업을 얘기하는데 (정부 담당자가) 빅데이터 기술은 없냐고 질문을 한다. 클라우드에 대한 얘기를 꺼내면 '그만하라'는 표정을 보여 난감했다"[38]고 말하기도 한다. 2014년도 어느 날 필자가 만난 한 기업체의 임원은 이런 이야기도 했다. "MB 정부 시절에는 녹색성장을 강조해서 모든 프로젝트에 녹색green이란 단어를 갖다 붙여야만 했다. 지금은 빅데이터라는 말을 붙여야 프로젝트를 수주할 수 있다."

이렇게 무리하게 프로젝트를 진행하면 문제가 생기지 않을까? 그런 걱정은 할 필요 없다. 애초에 기대했던 성과가 산출되지 않더라도 큰 문제는 없다. 앞서 지적한 바와 같이 프로젝트 성과에 대한 반성이나 비판은 별로 없기 때문이다. 프로젝트를 발주한 공무원은 빅데이터를 도입하고 확산시킨 공로로 승진한다. 프로젝트에 참여한 업체들은 큰 투자를 하지 않고서도 안정적인 수입을 창출할 수 있다. 프로젝트 참여 경험이 쌓일수록, 업체는 빠르게 빅데이터 전문 기관으로 성장한다.

한편, 빅데이터 옹호론자들은 프로젝트의 성과가 미흡한 원인으로 전문가의 부족을 든다. 그러면 업체는 빅데이터 전문가 양성 교육으로 사업을 확장한다. 오히려 더욱 안정적인 수입원을 만드는 셈이다. 이렇듯 철의 삼각관계의 핵심 모두가 승자다. 모두가 승리하면서 빅데이터 규모는 점점 커진다. 이렇게 해서 빅데이터는 거품으로 성장한다.

미국의 지적 유행: 행태주의와 '큰 것'에 대한 숭배

그렇다면 미국의 빅데이터 유행은 어떤가? 빅데이터 유행이 빅데이터에 대한 환상에 기초하고 있다는 점에서 우리나 미국이나 정도의 차이만 있을 뿐 대동소이하다. 물론 미국과 한국 사이에는 큰 차이점이 있다. 미국의 경우 빅데이터 유행이 수입된 것이 아니라 스스로 만들어낸 것이라는 점이다. 미국의 빅데이터 유행을 '자생적 유행'이라고 한다면, 우리의 빅데이터 유행은 '모방적 유행' 또는 '기생적 유행'이라고 할 수 있을 것이다.

이런 점에서 미국의 지적 유행 메커니즘은 우리나라와 다르다. 가장 큰 차이는 지적 풍토와 인센티브의 내용이다. 우리나라의 경우 외국의 유행을 수입해서 모방하는 지적 풍토가 유행의 산파 역할을 한다. 반면 미국의 경우 스스로 지적 유행을 확산시키는 뿌리 깊은 문화적 토대가 있다. 이 문화적 토대로 행태주의와 큰 것을 숭배하는 전통을 들 수 있다.

우리나라의 지적 유행 메커니즘은 모방에 의존한다. 열악한 지적 풍토에 종사하는 지식인들과 여유 자원을 움직일 수 있는 정부의 협력에 의해 지적 유행이 주도된다. 하지만 미국의 지적 유행은 보다 다양한 경로로 창출된다. 오바마와 같은 정치적 리더에 의해 지적 유행이 확대되는가 하면, 구글과 같은 경제적 리더에 의해 창출되기도 한다. 오바마의 경우는 앞에서 자세히 살펴보았다. 여기에서는 기업의 인센티브에 초점을 맞춰 살펴보자.

〈그림 13〉 미국 내 빅데이터 유행을 일으키는 삼각관계

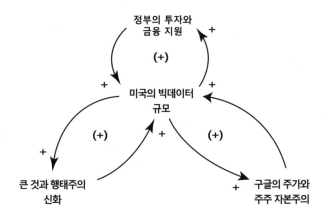

빅데이터는 거품이다

우리의 경우 정부의 눈먼 돈을 타내는 것이 중요한 인센티브였다. 하지만, 미국의 경우 구글과 같은 기업들이 스스로 수익을 창출한다. 지적 유행으로 기업이 어떻게 수익을 창출할 수 있을까? 그 답은 '주주 자본주의shareholder capitalism'에서 찾을 수 있다.

먼저 지적 풍토에 관하여 살펴보자. 빅데이터 유행을 가져온 지적 풍토의 저변에는 두 가지 신화가 자리 잡고 있다. 하나는 현대적인 신화이고, 다른 하나는 오래된 신화이다. 먼저 현대적인 신화를 이야기하면, 행태주의에 대한 믿음이다. 미국의 많은 지식인들은 지난 백 년간 행태주의에 사로잡혀 있었다.

행태주의는 20세기 초 미국 심리학에 그 뿌리를 두고 있으며, 제2차 세계대전 이후 많은 관심을 받았다. 행태주의는 사회현상 전반을 관찰이 가능한 객관적 대상으로 보며, 경험적으로 검증될 수 있는 사실을 중요시하여 계량적 분석에 중점을 둔다. 즉, 행태주의에서 강조하는 것은 사람들의 행태에 대한 데이터 분석이다. 소비자들의 행태에 대한 데이터를 분석해서, 소비자들이 무엇을 원하는지 알아내고, 미래에 어떠한 소비를 할 것인지 예측해서 더 많은 판매량을 달성하고자 한다. 이것이 미국의 경영학과 심리학을 주도하는 거대한 담론이다. 물론 이러한 행태주의를 비판하는 학자들이 있지만, 여전히 미국 지식인들의 대부분은 행태주의를 신봉한다. 행태주의에 입각해서 논문을 써야 심사 통과도 잘되고, 정부로부터 큰 프로젝트도 받을 수 있다.

이렇듯 행태주의에 대한 믿음이 강한 분위기에서 빅데이터 개념은 쉽게 먹혀들었다. 빅데이터 분석을 하면 소비자들의 행동 패턴을 정확하게 분석하고 예측할 수 있다고 선전하고, 행태주의에 익숙한 기업의 CEO들은 빅데이터 시스템을 경영 혁신으로 받아들인다. 그러나 앞서 언급했듯이, 에이브러햄슨의 주장처럼 미국 기업의 경영 혁신은 대부분 유행을 따라가는 것에 불과하다. 빅데이터는 또 하나의 새로운 유행일 뿐이다.

빅데이터 유행을 가져온 또 다른 지적 풍토는 오래된 고전적 신화로서, 큰 것에 대한 신화이다. '큰 것이 이긴다'는 신화는 서구인들의 마음 속 깊이 자리 잡고 있는 종교적 믿음이다. 큰 것에 대한 집착을 비판하면서 슈마허Ernst Friedrich Schumacher는 『작은 것이 아름답다Small is beautiful』(2002)는 책을 내기도 했다. 이 책의

5장에서 슈마허는 이렇게 말한다.

오늘날 거의 모든 사람이 거대주의gigantism라는 우상 숭배로부터
고통을 겪는다. 그러므로 작은 것의 미덕을 고집하는 게 필요하다.
(…) 거대주의와 기계화의 경제학은 19세기적 조건과 사고방식을
그대로 이어받고 있으며, 그래서 오늘날의 실질적인 문제를 해결
할 수 있는 능력은 조금도 없다.[39]

사실 큰 것이라는 우상 숭배와의 싸움은 기독교의 역사이기
도 했다. 기독교에서는 큰 것에 대한 숭배를 바알 신앙의 핵심으
로 본다. 창세기의 바벨탑은 크고 높은 건물에 대한 우상 숭배였
다. 다윗과 골리앗의 싸움에서 상징적으로 드러나 있듯이, 하나
님의 일꾼은 작고 연약한 자였으며, 그의 원수는 힘이 세고 큰
거인이었다. 하나님이 보낸 연약한 리더를 따라야 할 이스라엘
백성들은 늘 크고 센 것을 동경하곤 했다. 그것은 바로 바알 숭
배였으며, 하나님을 향한 죄악이었다. 구약 성경 호세아 10장 13
절은 "너희는 악을 밭 갈아 죄를 거두고 거짓 열매를 먹었나니,
이는 네가 네 길과 네 용사의 많음을 의지하였음이라"고 선언한
다. 많은 것을 신뢰하는 게 죄라는 것이다. 또한 신약 성경 마가

복음 5장 9절에서 예수님이 더러운 귀신에게 네 이름이 무엇이냐고 물으니, 더러운 귀신은 "내 이름은 군대니 우리가 많음이니이다"라고 말한다. 이렇게 기독교는 큰 것에 대한 동경을 바알 숭배로 경계한다.

아마도 큰 것을 숭앙한 사람 중 가장 유명한 이는 히틀러Adolf Hitler일 것이다. 제2차 세계대전을 치르면서 히틀러는 무조건 큰 것을 요구했다. 대포도 세계에서 제일 큰 대포를 만들라고 닦달했다. 결국 나치Nazi는 이 세상에서 제일 큰 대포를 만들었다. 구스타프 열차포Schwerer Gustav로 불리는 그 대포는 구경이 80cm나 되었고 포신 길이가 32m나 되는 엄청난 크기였다. 한데, 이 대포는 너무 무거워서 차량으로는 전쟁터까지 운반할 수 없었다. 독일군은 하는 수 없이 공장에서 전쟁터까지 철도를 깔았다. 그리고 대포를 기차에 실어 전쟁터까지 운반했다. 결국 그 대포는 한 방 쏘고 더 이상 사용할 수 없었다.

큰 것에 지나치게 집착했던 히틀러의 모습을 보여주는 또 다른 사례는 바로 탱크다. 히틀러는 독일의 티거 탱크를 적의 탱크보다 더 크게 만들라고 요구했다. 이른바 슈퍼 탱크에 대한 집착이다. 하지만 슈퍼 탱크는 너무 무거워서 기동력이 떨어졌다. 흙에 빠지기도 하고, 좁은 다리를 건너지 못했다. 이에 반해 러시아는 가벼운 탱크를 대량으로 만들어 독일의 동부 전선에서 승리를 거뒀다. 큰 것에 집착했던 히틀러는 결국 패배했다.

큰 것에 집착하다가 멸망한 것은 히틀러뿐만이 아니었다. 중세 시대에 강력한 국력을 자랑했던 오스만 튀르크 역시 '큰 대포'에 집착하다가 망했다. 아래에 『EBS』의 〈다큐프라임〉에서 방영한, '강대국의 비밀, 제2부 대영 제국의 탄생'의 한 장면을 압축해서 옮긴다.

1453년 5월 29일 오스만 튀르크의 메메드 2세는 콘스탄티노플을 함락시켰다. 천 년 이상 버텨온 난공불락의 성벽을 무너뜨린 것은 바로 대포였다. 불을 뿜는 도마뱀이라고 불린 이 대포는 포신의 길이만 해도 8.2m에 이르렀고, 전체 무게는 19톤이 넘었다. 대포의 놀라운 위력에 흥분한 오스만 튀르크는 이때부터 대포의 크기에 매달리기 시작했다. 콘스탄티노플의 성공을 기억하는 오스만 튀르크 사람들은 계속 대포의 무게와 크기를 키워나갔다. 러시아와 전쟁 중일 때는 이 거대한 대포를 언덕에 올렸다. 이동하는 데 사흘이 걸렸고, 설치하는 데 한나절이 걸렸다. 지원을 나온 영국군 포병장교가 물었다. "이 포가 나가긴 나갑니까?" 오스만 튀르크의 사령관이 대답했다. "예, 이게 쏘기가 어려워서 그렇지 한 발 나가기만 하면 다 끝장입니다." 영국군 장교가 다시 묻는다. "본 적이 있습니까?" 사령관이 대답한다. "아니오, 아직 아무도 본 적이 없습니다." 실전에서 이 대포는 단 한 발의 포를 발사하고 부서졌다. 발사된 500kg의 바위 덩어리는 550m 떨어진 거리에서 세 조각으로 갈라졌다. 그리고 저 멀리 바다 속으로 사라져버렸다.[40]

이 장면을 보면서 큰 것에 대한 무조건적인 집착과 신앙이 서구인들에게 오래된 종교와 같다는 생각이 들었다. 그리고 오스만 튀르크 사령관의 모습에서, 아무런 의심 없이 빅데이터 프로젝트를 추진하는 우리나라의 상황이 떠올랐다.

미국의 빅데이터 유행 메커니즘: 정부의 투자와 '주주 자본주의'

행태주의와 큰 것에 대한 공고한 믿음이 빅데이터 유행의 밑거름이었다면, 미국 정부의 대대적인 투자와 미국 특유의 기업 문화인 주주 자본주의는 빅데이터 유행의 씨앗이 되었다.

앞서 언급하였듯이, 오바마 대통령은 빅데이터를 좋아했다. 『워싱턴 포스트』는 이를 합리적인 성향이라며 긍정적으로 해석했다. 즉, 전임자인 부시 대통령과는 달리 오바마 대통령은 이데올로기에 치우쳐 정책을 밀어붙이는 것이 아니라 국민들이 원하는 정책이 무엇인지 데이터를 통해 확인하는 데이터 기반 정책을 추구한다는 것이다.

오바마의 데이터 기반 정책은 자연스럽게 빅데이터 정책으로 확대되었다. 오바마 대통령의 임기 동안에는 빅데이터와 관련한 사업에 많은 투자가 이루어졌는데, 그 금액만 해도 원화로 약 4천 5백억 원에 이른다. 오바마 대통령의 투자에 대해서 비난하고 싶지는 않다. 그의 투자는 나름대로 합리적인 방향성을 지니고 있기 때문이다. 즉, 빅데이터를 가지고 미래를 예측한다는 허황된 이야기가 아니라, 빅데이터를 어떻게 정교하게 분석할 것인가, 빅데이터 분석의 결과를 현실에 어떻게 적용할 것인가에 관한 구체적이고 합리적인 연구를 지향하기 때문이다.

다음으로, 기업의 역할을 들 수 있다. 미국의 빅데이터 유행에 있어서 주도적인 역할을 하는 기업은 단연 구글이다. 구글은 인터넷상의 방대한 데이터를 빠르게 검색해주는 알고리즘을 개발해서 성장한 기업이다. 빅데이터의 검색과 분석에 관한 한 구글의 역할을 부정할 수 없다. 그런데 문제는 구글이 빅데이터 분석을 활용하여 서비스를 제공하는 데 그치지 않고, 빅데이터를 과도하게 유행시키는 데 앞장서고 있다는 점이다. 왜 구글은 빅데이터 유행에 열성적인가? 최근 미국 학자들이 제기하는 주주 자본주의라는 개념을 눈여겨볼 필요가 있다.

주주 자본주의는 미국의 기업들이 보이는 기묘한 행태를 설명하는 이론이다. 자본주의의 모범 국가라고 불리던 미국의 경제력이 21세기에 들어서면서 눈에 띄게 쇠퇴한 이유를 설명하는 개념이 바로 주주 자본주의이다. 주주 자본주의는 주주와 주주의 이익에 초점을 두는 미국식 자본주의다. 주주 자본주의에 의하면, 21세기 미국의 대기업들은 물건이나 서비스를 고객에게 팔아서 이익을 얻는 데 큰 관심이 없다. 미국 대기업들의 주된 관심은 주식 가격을 올리는 일이다. 주식 가격을 올려야 이사회나 주주총회에서 경영자들이 살아남을 수 있다. 더구나 경영자에게 인센티브로 주식을 주는 것이 일상화되어 있어서, 기업의 매출을 늘리는 것보다 주식 가격을 올리는 것이 경영자들에게 훨씬 더 큰 이익이 된다. 주가를 올리는 데 실패한 스티브 잡스가 자기가 만든 회사인 애플에서 쫓겨난 사건은 미국에 정착된 주주 자본주의를 상징적으로 보여주는 일이었다. 이것이 바로 주주 자본주의이다.

주식 가격을 가장 중시하는 주주 자본주의에 있어서 고객은 더 이상 왕이 아니다. 고객에게 물건을 많이 팔아서 수익을 얻는 것보다 고객이 불만을 제기하지 않을 정도로 물건을 만드는 게 중요하다. 그래야 주식 가격이 떨어지지 않을 것이기 때문이다. 주주 자본주의는 직원들을 중시하지 않는다. 어차피 평생 함께할 사람들이라고 생각하지 않기 때문이다. 단기적으로 주식 가격을 올리고 다른 곳으로 옮기면 된다는 생각이다. 평생 직장과 장수 기업에 대한 관심은 그들의 머릿속에 존재하지 않는다. 스티브 데닝Steve Denning은 2012년도 『포브스Forbes』에 기고한 「Is The Tyranny of Shareholder Value Finally Ending?」라는 글에서 주주 자본주의로 인해 미국의 자본주의는 일대 위기를 맞이하고 있다고 주장한다.[41]

그렇다면 구글은 어떤가? 구글은 주주 자본주의의 전형적인 행태를 보이는 기업이다. 구글은 정상적인 마인드로는 이해하기 어려운 행보를 보이곤 한다. 막대한 자금이 들어감에도 불구하고 독감 연구를 통해 빅데이터의 효용성을 보여주려고 노력하고, 오지에 비행선을 띄워 무선 인터넷 서비스를 제공하는 프로젝트를 수행했으며, 딥마인드DeepMind를 인수하여 바둑을 두는 인공지능의 파워를 보여주었고, 막대한 예산을 들여 무인 자동차를 실험하였다. 한데, 이런 투자들은 직접적인 수익으로 연결되지 않는다. 그렇다면 이런 행동이 구글의 수익에 마이너스 영향을 주었을까? 전혀 그렇지 않다.

아래의 그림은 구글의 모회사인 알파벳Alphabet의 주식 가격 변동을 보여준다. 알파벳의 1차 위기는 2007년 말부터 2008년 초에 걸쳐 도래했다. 주식 가격이 거의 반토막이 날 정도였다.

빅데이터는 거품이다

2007년도에 400달러 가까이 올랐던 알파벳 주식이 2008년에는 200달러 밑으로 떨어지면서 주가 총액으로 50조 원 가량이 공중으로 날아갔다. 이 위기를 극복하는 데 힘이 된 것이 바로 구글 독감 프로젝트였다. 이 논문이 발표된 이후 알파벳의 주가는 상승 행진을 이어갔다.

〈그림14〉 알파벳 주가의 변동 추이

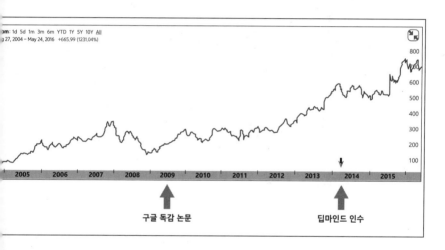

다른 한편 2013년도에 구글은 인공지능 회사인 딥마인드를 인수했다. 사실 어떻게 보면 이상한 인수였다. 구글의 사업과 직

접적인 관련성이 없는 것처럼 보였다. 2년이 지난 후 구글은 딥마인드의 알파고AlphaGo와 이세돌 기사의 대국을 추진했다. 결과는 대박이었다.

<그림 15> 알파고와 이세돌의 대국 전후, 구글 주가의 변동 추이

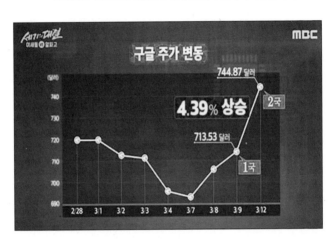

세기의 바둑 대결에서 알파고가 이세돌을 4 대 1로 꺾고 나서 구글의 주가는 가파르게 상승했다. 2016년 3월 14일 〈MBC 스페셜〉에서 방영한 '세기의 대결 이세돌vs알파고'에 의하면, 대결이 펼쳐지는 동안 구글의 주가는 4.38% 상승하여 주식 총액이 한화

로 10조 8천 7백억 원 증가했다. 2014년 1월 26일 구글이 딥마인드를 인수하는 데 지불한 금액은 7,000억 원에 불과했다. 주식 가격으로만 따져도, 구글은 2년 만에 투자금의 12배가 넘게 남는 장사를 한 것이다.[42]

이렇게 구글은 첨단 기술을 대대적으로 홍보함으로써 주가를 크게 상승시킬 수 있었다. 이러한 성과는 단기적으로는 어마어마한 성공이다. 그러나 과연 장기적으로도 성공을 가져올 것인가? 이는 여전히 의문이다. 오히려 장기적으로 구글에게 치명적인 독으로 작용할 가능성이 있다. 구글이 자랑하는 첨단 기술들이 실제로 수익을 창출하는 것이 아니라, 그 장밋빛 미래에 매료된 투자자들의 투자를 통해 부를 창출하는 방식이기 때문이다. 이렇게 치고 빠지는 식의 경영은 장기적으로 안정적인 수익을 보장하기 어렵다. 엄청난 돈을 들여서 수행하던 프로젝트를 몇 년간 해보다가 접고, 또 다른 선구적 프로젝트를 시작하는 구글의 경영에 대해서 언젠가 주식 시장이 식상해할 것이다. 구글의 방식이 주식 시장에서 먹혀들어가지 않을 때, 구글의 주가는 곤두박질칠 것이고, 구글은 더 이상 세상에 존재하지 않는 기업이 될지도 모른다.

하이프 사이클에서 사라진 빅데이터

첨단 기술을 연구하는 학자들에게 유명한 그림이 있다. 하이프 사이클Hype Cycle이라는 그림으로, 첨단 기술의 발전 과정 및 기술의 성숙도를 표현하기 위한 시각적 도구다. 매년 가트너Gartner 그룹에서 보고서 형식으로 발표한다. 한편 하이프 사이클은 과대 광고 주기 또는 '거품 순환'이라고도 불리는데, 여기에서 거품이라는 뉘앙스가 그렇게 강한 것은 아니다. 그리고 여기에서 거품이라는 말은 부정적이기보다는 긍정적인 의미로 받아들여진다.

〈그림 16〉에서 나타나듯이 그림의 초기는 '기술 촉발technology trigger'의 단계이고, 그다음에는 기술에 대한 사회적 기대가 폭발적으로 증가하는 '부풀려진 기대의 정점peak of inflated expectations' 단계를 거친다. 하지만 시간이 얼마 지나지 않아 '환멸의 골짜기trough of disillusionment'를 지나게 된다. 이는 죽음의 계곡이라고도 불린다. 이러한 죽음 계곡을 버텨낸 기술은 그 생명력을 회복하기 시작하여 '계몽의 언덕slope of enlightenment'을 올라간다. 만약 유용성과 지속적인 발전 가능성이 증명되면, 그 기술은 사회적으로 인정을 받게 되어 '대량 생산의 고원plateau of productivity' 단계로 진

입한다.

많은 기술들이 처음에는 엄청난 각광을 받고 사회적 기대를 한 몸에 받아 그 발전 가능성이 부풀려지지만, 어느덧 환상이 깨지면서 어려운 시기를 맞이하게 된다. 그러한 어려운 시기를 성공적으로 탈출하여 각성과 개선의 과정 거치게 되면, 사회에서 널리 받아들여져 대량 생산되는 단계로 진입하는 것이다.

가트너는 2011년 빅데이터를 하이프 사이클에 올렸다. 이어서 2013년도 하이프 사이클에는 부풀려진 기대의 정점에 빅데이터를 위치시킴으로써, 빅데이터가 향후 가장 유망한 기술이 될 것이라는 전망을 반영하였다. 2014년도만 하더라도 기대가 다소 낮아졌지만 여전히 높은 기대를 받고 있는 것으로 표시됐었다. 그러다가 갑자기 2015년 하이프 사이클에서 빅데이터가 사라져버렸다. 2016년 하이프 사이클에서도 여전히 빅데이터를 찾아볼 수 없다. 많은 기술 전문가들이 왜 빅데이터가 사라졌는지 의아해했다.

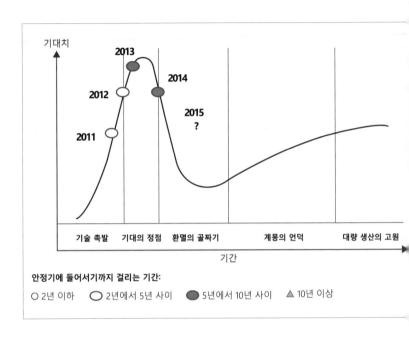

〈그림 16〉 가트너 그룹의 하이프 사이클: 빅데이터의 등장과 퇴장

기대치

2013

2012

2014

2011

2015
?

기술 촉발　기대의 정점　환멸의 골짜기　　계몽의 언덕　　대량 생산의 고원

기간

안정기에 들어서기까지 걸리는 기간:

○ 2년 이하　　○ 2년에서 5년 사이　　● 5년에서 10년 사이　　▲ 10년 이상

하이프 사이클에서 빅데이터가 처음으로 등장한 2011년과 2012년에는 향후 2년에서 5년 사이에 대량 생산의 고원 단계로 진입할 기술로 여겨져 흰색 원으로 표시되어 있다(원래의 가트너 그룹 그림에서는 하늘색 원으로 표시되어 있는데, 여기에서는 잘 구분되지 않아서 흰색의 큰 원으로 표시하였다). 하지만

빅데이터는 거품이다

2013년과 2014년에는 원의 색이 변한다. 즉, 대량 생산의 고원에 진입하려면 향후 5년에서 10년 정도가 걸릴 것으로 예상되는 기술을 가리키는 회색 원으로 표시된 것이다(실제 그림에서는 파란색 원으로 표시되어 있는데, 여기에서는 잘 구분되지 않아서 회색의 큰 원으로 표시하였다). 이는 가트너 그룹 안에서도 빅데이터 기술에 대한 기대와 회의가 혼재되어 있었다는 점을 보여준다.

한데, 처음 등장한 2011년부터 2014년까지 계속해서 중요한 기술로 여겨지던 빅데이터 기술은 2015년 하이프 사이클에서 자취를 감춘다. 2015년 보고서에서는 그 위치나 색깔을 변경시킨 것이 아니라 아예 지도에서 삭제해버린 것이다.

가트너 그룹 직원들은 "빅데이터는 이미 데이터 마이닝 등으로 일상화되어 있기 때문에 새로운 기술로 다룰 필요가 없어졌다"고 그 이유를 설명했다. 하지만 이런 설명은 누구에게도 만족할 만한 것은 아니었다. 빅데이터는 대량 생산 단계인 생산의 고원 단계에 진입한 것인가? 그렇다면, 그렇게 표시하면 될 일이었다. 하지만 가트너 그룹은 그렇게 하지 않았다. 그저 조용히 빅데이터라는 기술을 삭제했다.

이는 가트너 그룹에게 있어서 대단히 예외적인 일이었다. 하지만 이는 가트너 그룹의 담당자들에게 어쩔 수 없는 선택이었을 것으로 생각된다. 빅데이터 열풍이 불어서 하이프 사이클에 올려놓았는데, 시간이 흐르면 흐를수록 빅데이터라는 기술에는 첨단 기술이라고 할 만한 분명한 실체가 없었던 것이다. 그렇다고 빅데이터 기술이 소멸되었다고 선언하기도 곤란했다.

사실 가트너 그룹의 입장에서는 애당초 실체가 모호한 빅데이터 기술을 하이프 사이클에 올리지 말았어야 했다. 가트너 그룹의 이런 불편한 입장이 2015년도 빅데이터 기술의 삭제라는 돌발 사건으로 마무리되었다는 것이 필자의 해석이다.

이렇게 가트너 그룹이 2015년부터 빅데이터를 삭제한 것은 미국에서 빅데이터 유행의 소멸을 예고하는 징조인지도 모른다.

지금까지 미국의 빅데이터 유행과 우리의 빅데이터 유행을 검토했다. 전반적으로 우리보다 미국의 유행이 조금 더 합리적이고 조금 더 온건해 보인다. 미국은 무엇보다도 오랜 기간 동안 빅데이터에 대해 준비해왔다. 그만큼 미국 사회의 현장에서 빅데이터 분석에 대한 필요성과 그 해결책이 꾸준히 제기되어왔다. 미국 사회는 빅데이터에 대한 최소한의 실체와 개념을 확보하고 있는 셈이다. 꼼꼼한 검토 없이 미국에서 유행하는 빅데이터를 수입한 우리와는 다르다. 미국 정부의 빅데이터 연구는 허황된 미래 예측에 초점을 두기보다는 과거 데이터들 간의 상관관계를 분석하는 과학적인 방법에 초점을 두고 있다. 이에 비해 우리는 빅데이터를 만병통치약으로 신봉하는 편에 가깝다.

우리의 모방적 지적 유행은 자생적 지적 유행보다 훨씬 더 위험하다. 모방적 지적 유행은 자생적 지적 유행의 모든 문제점에 더해서 '맹신'이라는 독약을 하나 더 가지고 있는 셈이다. 자생적 지적 유행에는 이를 비판하고 견제하는 지식인들이 존재한다. 하지만 선진국을 맹신하는 풍토에서, 선진국의 유행을 모방하는 유행을 비판하기는 어렵다. 신진국의 유행이 우리에게는 첨단이자 개혁이며 진보로 포장되기 때문이다. 빅데이터는 우리에게 기술 이상의 의미를 지닌다. 빅데이터는 우리에게 이데올로기이다. 빅데이터를 비판하는 것은 지식인 사회 전체를 비판하는 것이며, 심지어는 미국을 비판하는 것이다. 우리에게는 지적 유행을 비판할 자유가 없다. 지적 유행이 스스로, 제 풀에 지쳐서 사그라들기만을 기다려야 한다. MB 정부 때의 녹색 성장이 그러했듯이.

5장 빅데이터 또한 결국에는 데이터

거대한 현상의 이면에는 거대한 정신이 움직인다. 단지 인터넷과 스마트폰의 세계에 데이터가 많다고 해서, 빅데이터 현상이 등장할 수는 없다. 많은 데이터가 있으면 많은 일을 할 수 있다는 정신 구조가 빅데이터 현상의 심층에 흐르고 있다.

기본적으로 빅데이터의 목표는 방대한 데이터를 분석해서 미래를 예측하고 거대한 수익을 창출하는 것이다. 그런데 과연 그렇게 할 수 있을까? 어떻게 분석해야 엄청난 양의 데이터를 제대로 분석하고 미래를 정확하게 예측할 수 있을까? 빅데이터가 발전하기 위해서는 이런 질문들이 진지하게 논의되어야 할 것이다. 그런데 묘한 점이 있다. 빅데이터 연구를 자세하게 들여다보면 이런 당연한 질문들이 제기되지 않는다는 것이다. 왜 그럴까?

우로보로스 숭배?

빅데이터를 둘러싸고 벌어지는 모순된 현상이 있다. '빅데이터가 왜 필요한가? 빅데이터가 어머어마하게 산출되기 때문이다. 빅데이터가 왜 실패하는가? 빅데이터가 없기 때문이다'는 모순이다. 실제로 이는 우리나라의 정책 현장에서, 그것도 수년간 반복되는 현상이다.

그런데 빅데이터 철학을 둘러싸고 비슷한 모순이 도사리고 있다. 어떻게 분석해야 빅데이터를 제대로 분석할 수 있을까? 이 질문에 대해 빅데이터 옹호론자들이 가지고 있는 정답이 있다. 빅데이터를 투입하면 된다는 것이다. 거대한 데이터를 투입해서 돌리면, 잘못된 답은 저절로 제거되고 정답만 남는다는 것이다. 여기에는 통계학의 핵심 관념이 자리 잡고 있다. 즉, 데이터가 많으면 많을수록 통계 추정은 현실과 일치할 가능성이 높아진다는 것이다.

기묘하게도 빅데이터의 치명적인 문제는 어느새 문제의 해결책으로 둔갑한다. 이렇게 편리한 방법이 세상에 또 있을까?

문제가 어느덧 해결책이 된 것이다. 그러니 거기에는 고민할 것이 없다. 빅데이터에는 아무런 문제가 없다. 왜냐? 심각한 문제가 곧 훌륭한 해결책이 되기 때문이다. 빅데이터라는 말 자체가 문제이자 해결책인 셈이다. 이는 자신의 꼬리를 먹는 뱀과 마찬가지이다. 자신의 몸을 유지하기 위해 자신의 몸을 먹는 것이다. 그것이 어떻게 유지될 수 있겠는가?

그리스 신화에는 '우로보로스Ouroboros'라는 생물이 등장한다. 우로보로스는 자신의 꼬리를 물고 있는 뱀의 형상으로 스스로를 파괴시키는 가장 어리석은 모습을 하고 있지만, 거꾸로 늙은 육체를 벗어버리고 새로운 육체를 얻는 불사의 생물로 숭배를 받기도 한다. 많은 빅데이터 옹호론자들이 빅데이터를 우로보로스로 숭배한다면, 필자는 우로보로스와 같은 빅데이터의 자해가 어리석다고 지적하는 것이다.

이론의 종말?

빅데이터의 심층에 자리 잡고 있는 사고방식을 명확하게 보기 위해서는 다소 극단적인 주장을 검토할 필요가 있다. 극단적인 주장 속에 그 세계를 이루는 정신 구조의 원형이 그대로 드러나기 때문이다. 빅데이터에 관하여 가장 극단적인 철학을 제시한 사람은 크리스 앤더슨Chris Anderson일 것이다. 그는 2008년 6월 『와이어드WIRED』지에 「The End of Theory: The Data Deluge Makes the Scientific Method Obsolete」이라는 제목의 글을 발표했다. 수많은 데이터의 양산과 축적은 과학적 방법을 불필요하게 만들며, 따라서 이론이 필요 없어지는 시대가 곧 찾아온다는 것이다. 앤더슨이 말하고자 하는 바의 요점은 '빅데이터의 문제는 곧 해결책이 되고, 지금까지 인류가 만든 모든 이론과 과학적 방법들이 다 필요 없어진다는 것'이다.

> 페타바이트로 인하여 "상관관계로 충분하다"고 말할 수 있게 되었다. 우리는 모델을 구할 필요가 없게 되었다. 이제 가설 없이 데이터를 분석할 수 있다. 가설이란 데이터가 무엇을 보여줄 수 있는가에 관한 것일 뿐이다. 이제까지 세상에 없었던 가장 큰 컴퓨터 클

러스터에 숫자들을 던져 넣고, 통계 알고리즘들로 하여금 패턴을 찾도록 하면 된다. 과학은 그런 패턴을 찾을 수 없었다.

기회는 엄청나다. 어마어마한 양의 데이터를 사용할 수 있다는 점 그리고 이런 숫자들을 씹어 먹을 수 있는 통계 도구들이 있다는 점은 이 세상을 이해하는 완전히 새로운 길을 제공한다. 상관관계가 인과관계보다 우수하다. 과학은 일관된 모델이나 정합된 이론 없이 혹은 그 어떤 기계적 설명 없이도 발전할 수 있다.[43]

조금 더 간략하게 말해보자. 앤더슨의 주장은 거칠게 말해서, '빅데이터를 빅컴퓨터에 넣으면 빅컴퓨터와 빅데이터가 알아서 우리에게 무언가를 알려준다는 것'이다. 그렇기 때문에 우리는 골치 아픈 이론이나 과학을 버려도 된다는 것이다.

과연 독자들은 이런 극단적인 빅데이터 철학을 어떻게 생각하는가? 이런 생각에 동의하는가? 그런데 놀라운 일이 있다. 이런 얄팍한 생각이 꽤 많은 지식인들의 마음을 사로잡고 있다는 사실이다. 많은 학자들 사이에서 빅데이터는 그저 지나가는 유행으로 받아들여지고 있지만, 더 많은 지식인들 사이에서 빅데이터는 지금까지의 고민을 일거에 해결해줄 만병통치약으로 받아들여지고 있다.

앤더슨은 상관관계로 충분하다고 생각한다. 심지어 상관관계가 인과관계보다 더 우수하다고 주장한다. 터무니없는 주장이다. 예를 들어보자. 한 나라의 암 환자 숫자와 암 전공 의사 숫자 사이에는 긴밀한 상관관계가 있다. 암 환자가 적은 나라를 보니 암 전공 의사 숫자도 적었다. 정말로 그렇다면, 의과대학의 암 전공 과정을 폐쇄시켜버리면, 암 환자가 줄어들 것인가? 아마도 그럴지도 모른다. 다만 진짜로 암 환자가 줄어서가 아니라, 암 환자가 다른 나라로 치료받으러 가거나, 진료할 의사가 없으니 암 환자로 등록되지 않았기 때문이다. 결국 암 환자를 감소시키는 정책은 성공할 것이다. 물론 실제적으로가 아니라 통계적으로 성공할 뿐이다. 이렇게 가면 통계적으로는 성공한다. 그러나 이렇게 가면 망한다. 통계적으로는 성공하지만, 실제로는 망할 수밖에 없다.

분명하고 절대 변하지 않는 한 가지 사실은, 빅데이터 분석을 통하여 알 수 있는 것은 인과관계가 아니라 상관관계일 뿐이라는 점이다. 앤더슨조차도 이를 분명하게 인정하고 있다. 이것이 빅데이터 분석의 궁극적인 한계이다. 상관관계는 행태주의의 근원적인 개념이다. 표면적인 행태들 간의 상관관계를 발견하면 된다는 것이 행태주의의 근본 정신이다. 심층적으로 그리고 구조적으로 행태들이 어떠한 인과관계로 연결되어 있는지는 알 수 없다는 것이다.

이러한 점에서 빅데이터와 행태주의는 본질적으로 동일한 세계관을 지닌다. 이 세상의 심층적인 구조는 알기 힘드니, 겉으로 드러난 행동만 분석하는 것이다. 겉으로 드러난 행동이 바로 데이터이다. 그런 데이터가 모아진 것이 빅데이터이다. 겉으로 드러난 행동을 액면 그대로 분석하는 방법이 바로 상관관계 분석인 것이다. 빅데이터 분석은 본질적으로 상관관계 분석인 셈이다. 그렇기 때문에 빅데이터는 본질적으로 행태주의의 원리와 동일하다.

계량경제학자 전성재 교수도 이를 명확하게 지적하고 있다. "빅데이터가 경제학의 방법론을 송두리째 바꾸리라 생각하는 이들도 있는 듯하다. 하지만 빅데이터가 경제학 모델에 기반한

데이터 분석을 완전히 대체하리라 믿는 경제학자는 거의 찾기 힘들다. 데이터에만 의존하면 숨겨진 인과관계를 이해하기가 거의 불가능하기 때문이다."[44]

허버트 사이먼의 통찰

상관관계의 통계학을 방법론의 핵심으로 삼는 학문이 바로 행태주의이다. 행정학에 행태주의적 접근을 처음 도입한 학자 중 한 명은 허버트 사이먼이다. 그는 자신의 박사 학위 논문을 수정하여 1947년에 출판을 했는데, 그 책의 제목은 『Administrative Behavior』(1947)였다. 그의 책은 우리나라에 번역되기도 했다. 그러다 보니 사이먼은 행정학에서 행태주의를 대표하는 학자가 되었다. 그런데 이것도 참 답답한 일이다. 사실 사이먼의 행정 이론은 행태주의와 큰 관련이 없기 때문이다. 사이먼은 가치가 아닌 사실에 초점을 두어 행정학 및 경영학을 과학적으로 연구하면 사람들이 행동하는 원칙을 발견할 수 있을 것이라고 주장하였는데, 딱 그 부분에서만 행태주의자들의 생각과 중첩된다.

어쨌든 사이먼은 현대의 학자들에게 지대한 영향을 준 사람이다. 그는 1950년대에 인공지능AI, Artificial Intelligence을 개발하기 시작한 원년 멤버 중 한 사람이다. 그는 인간의 문제해결 능력을 컴퓨터로 구현하고자 하였다. 그의 연구 영역은 인공지능에만 한정되지 않았다. 그는 심리학 연구에도 심혈을 기울였으며, 인공지능 이론과 인지과학cognitive science을 연결시키는 데에도 크게 기여했다. 하지만 사이먼의 관심 사항은 평생 한 가지였다. 인간의 지능이었다. 인간의 지능을 다각도로 탐구하다가 보니 연구 분야가 자연스럽게 넓어진 것이다.

단지 그는 행정학에서는 인간의 지능이 발휘되는 의사결정 과정에 초점을 두었고, 인공지능에서는 보다 구체적인 문제해결 과정에 초점을 두었을 뿐이다. 1947년에 출간된 『Administrative Behavior』의 부제는 'A study of decision-making processes in administrative organizations'이다. 우리말로 하면, '행정 조직에서의 의사결정 과정에 관한 연구'이다. '의사결정'이라는 말을 학문적인 용어로 정착시킨 사람도 사이먼이었고, 인공지능과 인공과학이라는 말을 정착시킨 사람도 사이먼이었다.

그는 타계하기 몇 년 전인 1997년 『Administrative Behavior』의 개정판을 냈다. 행정학자들에게는 놀라운 일이었다. 사이먼은 이미 노벨 경제학상을 받았고, 인공지능의 창시자로 인정받고 있으며, 심리학 및 인지과학의 권위자였다. 행정학은 사이먼의 관심에서 사라진 듯했다. 그런 상황에서 50년 만에 개정판을 낸 것이다. 꽤 많은 부분을 보완한 책이었다. 책의 내용 중 다음과 같은 글귀가 필자의 뇌리에 깊이 남아 있다.

> 인류가 등장한 이후 밤하늘에 원시인들의 머리 위로 무수히 많은 별들이 떠 있었다. 하지만 케플러의 이론이 나오기 전까지 사람들은 별들의 운행을 이해할 수 없었다.[45]

사이먼의 이 말은 이론의 중요성을 강조하는 말이다. 아무리 많은 데이터가 있다고 해도 그것을 이해할 수 있는 이론이 없으면 아무런 소용이 없다는 뜻이다. 큰 컴퓨터가 있어서 무수히 많은 별들 간의 상관관계를 발견한다고 하더라도 그것은 학문이 아니다. 고대인들이 발견하고 명명한 수많은 별자리는 행성 간의 상관관계에 토대를 두고 있다. 밤하늘에 같이 뜨고 같이 진다는 상관성은 별자리의 신화를 만들어내는 토대였다. 하지만 그것은 신화일지언정 과학은 아니다. 상관관계는 기껏해야 신화일 뿐이다. 당연하게도, 빅데이터와 빅컴퓨터가 산출하는 것은 기껏해야 그럴듯한 신화일 뿐이다. 이것이 바로 빅데이터의 철학이다. 이런 신화를 믿고, 과학과 상식을 버릴 것인가?

빅데이터는 데이터일 뿐이다

이제 빅데이터의 본질을 이야기해보자. 도대체 빅데이터가 뭐길래 이 야단인가? 데이터는 숫자일 수도 있고 문자일 수도 있고, 사진이나 동영상이나 소리일 수도 있다. 또한 목적에 맞게 분류된 정형 데이터일 수도 있고, 그렇지 못한 비정형 데이터일 수도 있다. 빅데이터의 초기에는 보통 트위터, 페이스북에 올라온 문자들을 빅데이터라고 불렀는데, 이들은 비정형 데이터로서 문자 데이터인 셈이다. 요즘에는 빅데이터의 범위를 더 넓게 잡는 편이어서, 신용카드 거래 내역이라든지 사물인터넷에서 보내는 신호까지 포함시킨다. 이들은 대체로 정형 데이터로서 숫자 데이터이다.

어떤 형태로 존재하든 상관없이 빅데이터는 근본적으로 데이터이다. 빅데이터도 결국에는 데이터란 말이다. 데이터가 많다고 해서 데이터 자체의 특성이 달라지는 것은 아니다. 모래가 많다고 해서 물이 되는 것은 아니듯 말이다. 모래는 모래고, 물은 물이다. 많다고 변하는 것은 아니다. 빅데이터는 데이터다.

Big Data = Data

그렇다면 데이터란 무엇인가? 데이터는 '과거의 기록'이다. 어떤 형태를 지니는 데이터이건 모든 데이터는 과거의 기록이다. 즉, 데이터는 '과거'라는 특성과 '기록'이라는 특성을 지닌다. 이 두 가지가 데이터의 본질이다. 데이터는 미래에 발생하는 것이 아니다. 데이터는 이미 지나간 것이다.

그리고 기록되지 않은 것은 데이터로 남을 수 없다. 데이터는 물리적인 매체에 기록된 것이다. 물리적 매체가 종이일 수도 있고 메모리칩이나 인터넷 회선일 수도 있다. 그냥 사람의 머릿속에 있는 것은 기록이 아니다. 그런 점에서 기록은 객관이다. 물리적 매체에 객관적으로 기록되어 있는 것이 데이터다.

여기에서 중요한 것은 데이터는 기록된 것이지, 발생한 그대로의 사실이 아니라는 것이다. 그 기록이 틀릴 수도 있고 사실에 가까울 수도 있다. 기록은 언제나 누군가에 의해 기록된 것일 뿐이다. 그것을 기록한 자가 사람일 수도 있고 기계일 수도 있다. 하지만 그것은 기록한 자의 시선으로 본 것일 뿐, 그 내용이 사실이라고 단정할 수는 없다. 기록한 자가 사람이라면, 데이터에 그 사람의 가치나 이해관계나 관점이 반영될 수 있다. 기록한 자가 CCTV와 같은 기계라고 한다면, 데이터에 그 기계의 위치나 렌즈에 따른 특성이 반영될 것이다. 하여간 이 두 가지 본질을 명확히 인식해야 한다. 데이터는 과거의 기록일 뿐이다. 이 두 가지 속성을 명확히 인식해야만 빅데이터에 대한 망상에 빠지지 않을 수 있다. 이와 관련하여 한겨레 최우성 논설위원은 다음과 같이 지적한다.

빅데이터 전성시대를 살아가는 우리에게 가장 시급한 건 빅데이터의 신화부터 한꺼풀 벗겨내려는 자세다. 동서고금을 막론하고 데이터란 결코 객관적이지도 중립적이지도 않다. (…) 제아무리 데

이터값이 크다 한들, 현실은 언제나 데이터 '바깥'에 존재한다. 진
실한 빅데이터는 없다.[46]

아무리 크다고 해도, 빅데이터는 본질적으로 데이터라는 것
이다.

빅데이터에 대한 가장 큰 망상은 빅데이터를 통해 미래를 예
측할 수 있다는 주장이다. 근본적으로 빅데이터는 과거의 기록
이다. 빅데이터를 분석해서 과거에 어떤 일이 있었는지를 자세
히 알 수 있다고 한다면, 어느 정도 수긍할 수 있다. 하지만 과거
의 기록인 빅데이터를 가지고 미래를 예측할 수 있다는 주장과
기대는 난센스이다.

우리는 과거의 기록을 기반으로, 이론을 만든다. 그리고 그 이
론을 가지고 미래를 예측한다. 태어날 때부터 지금까지 밤과 낮이
순환하며 찾아왔다. 하지만 그 데이터만 가지고는 오늘 저녁에 밤
이 올 것인지 예측할 수 없다. 그저 무수히 많은 데이터가 있는 것
일 뿐이다. 오늘 저녁에 밤이 올 것인지를 예측하려면, 낮이 끝나
면 밤이 온다는 이론을 가지고 있어야 한다.

빅데이터도 마찬가지이다. 아무리 데이터가 많다고 하더라도 미래를 예측하는 일은 데이터만 가지고는 할 수 없다. 이론이 있어야 한다. 데이터는 그 이론이 과거에 비추었을 때 어느 정도 타당한지 테스트할 수 있게 도와주는 재료일 뿐이다. 빅데이터에 의해 이론이 검증되었다고 하더라도, 그것이 미래에도 들어맞으리라는 보장은 없다. 밤과 낮이 교대된다는 이론을 검증하는 수억 개의 데이터가 있을지라도, 거대한 유성에 의해 지구가 쪼개지는 순간부터 그 이론은 틀려진다.

빅데이터를 통해 미래를 예측할 수 있다는 망상은 오해와 착각에서 비롯된다. 과거에 대한 측정과 추론을 미래에 대한 예측으로 오해하는 것이다. 구글의 독감 예측이 전형적인 예이다. 이에 대해서는 앞 장에서 자세히 설명했다. 구글의 독감 분석은 이미 과거에 이루어진 사람들 간의 대화를 관찰해서 전체 인구에서 독감 환자가 몇 명이나 될지 추론한 것이다. 미래를 예측한 것이 아니다. 비슷한 사례로 선거 예측이 있다. 빅데이터 분석을 통해 SNS에서 여당 지지율을 관찰해서 전체 유권자 중에 여당을 지지하는 사람이 어느 정도일지를 추론하는 것이다. 오바마 빅데이터팀의 예측처럼 6개월 전에 추론한 지지율이 들어맞았다고 하더라도 그것은 예측이 아니라 추론이다. 6개월 전의 추론이 그대로 유지되었을 뿐이다. 여론 조사를 통한 선거 예측이라는 것도 사실은 과거에 대한 관찰과 추론일 뿐이다. 그럼에도 불구하고 많은 사람들, 심지어 많은 지식인들이 미래의 선거 결과를 예측하는 것으로 착각한다. 알 만한 사람들이 오해의 늪에서 헤어나지 못한다. 답답한 노릇이다.

데이터Data	이론Theory
과거의 기록	통시적 원리
상관관계	인과관계
과거의 평가	미래의 예측

빅데이터는 데이터다. 데이터는 과거의 기록일 뿐이다. 그리고 빅데이터 분석은 상관관계만을 제공한다. 이것은 아무리 복잡한 첨단 기술을 가지고 온다고 하더라도 변할 수 없는 것이다. 데이터가 아무리 많아도 그것이 지식이나 지혜가 될 수는 없다. 이에 비해 이론은 지적인 고민과 정제와 깨달음의 산물이다. 이론은 그 자체가 지식이다. 많은 이론들이 모여서 훌륭한 지혜를 제공할 수 있는 것이다. 그러나 데이터는 아니다. 그 숫자가 아

무리 많아도 아니다.

이러한 점을 명확하게 인식한다면, 빅데이터를 통해 미래를 예측해서 미래의 재난을 예방하고 미래의 기회를 선취한다는 포부는 뜬구름 잡는 이야기라는 걸 알 수 있을 것이다. 하지만 여기에서 명심해야 할 점이 있다. 그렇다고 해서 빅데이터 분석이 무의미하다는 말은 절대 아니라는 점이다. 빅데이터는 나름대로 가치가 있고 의미가 있다. 다만 빅데이터는 과거를 이해하고 평가하는 차원에서 중요한 의미를 지닌다. 한데, 미래를 예측하고 미래에 벌어질 일에 대응하고자 한다면, 데이터가 아니라 이론이 필요하다. 바로 이것을 행태주의, 경제학, 통계학, 심리학, 인공지능의 대가이자 20세기의 천재라고 불리는 사이먼이 죽기 전에 역설한 것이다.

에필로그

빅데이터의 본질에만 충실하면 된다

지금까지 빅데이터에 대한 비판을 조금 심하다 싶을 정도로 했다. 우리 모두가 반성하고 각성할 필요가 있기 때문이다. 하지만 아직 우리에게는 희망이 있다. 희망이 남아 있기 때문에 비판도 하는 것이다. 이제는 우리에게 남아 있는 희망을 이야기하고 싶다.

빅데이터와 관련한 모든 프로젝트가 잘못된 것은 아니다. 가장 성공적인 빅데이터 프로젝트로 평가받는 것으로 빅데이터를 활용해 심야버스 운행노선 결정한 서울시의 사례를 꼽을 수 있다. 2013년에 서울시는 KT와 양해각서를 맺고 KT 고객의 통화

기지국 위치와 청구지 주소를 활용해 유동 인구를 파악 및 분석했다고 한다. 3월 한 달 동안 매일 자정부터 오전 5시까지의 통화 및 문자메시지 데이터 30억 건을 활용했다. 서울시 전역을 반경 500m 크기의 1252개 정육각형으로 나누고, A육각형에서 심야에 통화한 사람이 B육각형에 살고 있다면, 결국 A에서 B로 이동하는 수요가 있는 것으로 판단했다.[47] 이렇게 빅데이터를 활용해서 선정한 심야 버스 노선에 대해서 많은 서울 시민들이 만족해했다. 이러한 서울시의 빅데이터 활용은 과거 행태에 대한 이해와 평가에 초점을 둔 것이었다.

또 다른 성공적인 사례로 보건복지부의 경우를 들 수 있다. 2016년에 보건복지부는 10개 기관에서 수집한 19종의 정보를 빅데이터로 분석해서 사각지대에 놓인 복지대상자 1만 8318명을 찾아냈다고 밝혔다.[48] 이 역시 과거 이해 및 평가에 관한 빅데이터의 능력을 활용한 좋은 사례이다.

향후 빅데이터 기술이 가장 활발하게 적용될 곳은 사물인터넷 공간이다. 사물인터넷이란 물리적 공간과 기기에 센서를 심어놓고 이 센서를 통하여 감지되는 정보를 인터넷으로 전송하는 기술을 의미한다. 예를 들어 사물인터넷 기술이 적용된 요양원은 환자들의 건강 정보를 실시간으로 분석해서 위독한 환자를 조기에 발견할 수 있다. 사물인터넷 기술이 적용된 교통 시스템은 차량의 움직임을 분석해서 음주 운전이나 졸음 운전과 같은 비정상적인 움직임을 보이는 차량을 사전에 파악해서 사고를 예방할 수 있다.

앞으로 사물인터넷 공간과 기기에 조 단위가 넘는 센서가 설치되어 작동될 것이다. 이들 센서로부터 매순간 발생되는 데이터는 상상을 초월하는 양이 될 것이다. 빅데이터는 바로 이 방대한 데이터를 분석해야 하는 기술이다. 공개하고 싶어 하지 않는 개인들의 정보를 강제로 공개할 필요가 없다. 빅데이터 기술을 가지고 미래를 예측할 수 있다는 허황된 이야기를 할 필요도 없다. 사물인터넷은 지금까지 보지 못했던 방대한 양의 데이터를 쏟아낼 것이다. 이것을 분석하는 것이 바로 빅데이터의 본질적 역할인 것이다.

이렇게 빅데이터의 본질에 충실한 프로젝트는 얼마든지 훌륭한 성과를 낼 수 있다. 이렇게 본질에 충실한 빅데이터는 그다지 화려하지 않으며 엄청난 수익을 창출할 수 있다고 거짓말하지 않는다. 이제 우리나라도 선진국을 모방하는 단계에서 한 발 더 나아가 우리만의 역량으로 새로운 것을 창조하는 하는 단계로 진입했다. 선진국의 유행을 수입해서 과도한 거품을 조장하는 일은 바람직하지 못하다. 공무원과 지식인이 현실적인 문제에 대해서 보다 더 진지하게 임해야 할 때이다. 그렇게 스스로 진지한 모습을 보여줄 때, 공무원과 지식인에 대한 신뢰와 존중이 높아질 수 있을 것이다.

출처

1 Starbuck, W. H., 「The constant causes of never-ending faddishness in the behavioral and social sciences」, 『Scandinavian Journal of Management』, vol. 25, pp 108~116, 2009.

2 아이뉴스24 편집국, 「'잡스-LTE-종편' 2011년을 강타하다」, 『아이뉴스24』, 2011년 12월 25일.

3 연지안, 「'뜨는 산업' 빅데이터·뷰티, 대학 전공·학과 잇따라 신설」, 『파이낸셜뉴스』, 2016년 8월 16일.

4 김형섭, 「朴대통령 "세계시장 선도 위해 추격형 R&D의 혁신 필요"」, 『뉴시스』, 2016년 5월 12일.

5 강승혁, 「내년 정부 R&D 예산 IoT·빅데이터·인공지능 집중 투자한다」, 『EBN』, 2016년 5월 23일.

6 남도영, 「성과부진 R&D 예산 10% 구조조정…신사업에 1.9조 집중투자」, 『디지털타임스』, 2016년 5월 23일.

7 이진호·김준배, 「정부 데이터를 정책에 활용하는 '빅데이터 시대' 선언」, 『전자신문』, 2011년 11월 7일.

8 청와대 뉴스 브리핑, 「'에릭 슈미트' 구글 이사회의장 면담 관련 브리핑」, 2011년 11 7일.

9 국가정보화전략위원회, 「빅데이터를 활용한 스마트 정부 구현(안)」, 2011년 10월 26일.

10 국가정보화전략위원회, 「빅데이터를 활용한 스마트 정부 구현(안)」, 2011년 10월 26일.

11 국가정보화전략위원회, 「빅데이터를 활용한 스마트 정부 구현(안)」, 2011년 10월 26일.

12 교육과학기술부, 행정안전부, 지식경제부, 방송통신위원회, 국가과학기술위원회, 「스마트 국가 구현을 위한 빅데이터 마스터플랜」, 2012년, 11월 28일.

13 교육과학기술부, 행정안전부, 지식경제부, 방송통신위원회, 국가과학기술위원회, 「스마트 국가 구현을 위한 빅데이터 마스터플랜」, 2012년, 11월 28일.

14 교육과학기술부, 행정안전부, 지식경제부, 방송통신위원회, 국가과학기술위원회, 「스마트 국가 구현을 위한 빅데이터 마스터플랜」, 2012년, 11 28일.

15 통계청, 「빅데이터 활용 본격화, 복지·치안·물가 등 '해결사'」, 2014년 1월 7일.

16 백지영, 「올해 정부 빅데이터 예산 460억원…25개 신규사업 추진」, 『디지털데일리』, 2014년 1월 8일.

17 신혜권, 「공공 빅데이터 사업 올해 3000억 규모…국가 정책 빅데이터 적용 활발」, 『전자신문』, 2016년 1월 16일.

18 전상천, 「김포 빅데이터기반 안전도시 조성」, 『경인일보』, 2015년 2월 16일.

19 오상현, 「김포시 '빅데이터·사물인터넷' 활용 안전도시 만든다」, 『머니투데이』, 2015년 2월 13일.

20 여종승, 「빅데이터로 쌓아올린 안전도시 '김포'…세계인의 시선 한몸에」, 『중부일보』, 2015년 7월 23일.

21 권오준, 「김포 빅데이터, 사업성 의문과 졸속 처리 도마 위에 올라」, 『수도일보』, 2015년 9월 18일.

22 여종승, 「김포 빅데이터 장기표류…예산 논란·대표이사 공석 탓」, 『중부일보』, 2016년 2월 17일.

23 Scola, Nancy, 「Obama the 'big data' president」, 『The Washington Post』, 2013년 6월 14일.

24 Vavreck, Lynn and John Sides, 「Obama's Not-So-Big Data」, 『Pacific Standard』, 2014년 1월 21일.

25 김우용, 「오바마 대선캠프 CTO "빅데이터는 헛소리"」, 『ZDNet Korea』, 2013년 5월 29일.

26 조석근, 「SNS와 만난 선거, 초유의 빅데이터 전쟁 예고」, 『아이뉴스24』, 2015년 11월 19일.

27 정용인, 「'한국형 빅데이터 선거예측' 왜 2016년엔 실종했을까」, 『경향신문』, 2016년 4월 2일.

28 조광형, 「JTBC "김무성 팔로워, 람보 좋아해" 이게 빅데이터?」, 『뉴데일리』, 2016년 4월 15일.

29 김우용, 「오바마 대선캠프 CTO "빅데이터는 헛소리"」, 『ZDNet Korea』, 2013년 5월 29일.

30 김재섭, 「개인정보 비식별 정부 가이드라인 따랐다간 큰코다친다」, 『한겨레』, 2016년 8월 1일.

31 김재섭, 「개인정보 비식별 정부 가이드라인 따랐다간 큰코다친다」, 『한겨레』, 2016년 8월 1일.

32 윌리엄 서든, 최은정 역, 『미래를 알고 싶은 욕망을 파는 사람들』, 스마트비즈니스, 2010.

33 Ginsberg, J., M.H. Mohebbi, R.S. Patel, L. Brammer, M. S. Smolinski, and L. Brilliant, 「Detecting influenza epidemics using search engine query data」, 『Nature』, Vol. 457. pp. 1012~1055, 2009.

34 Butler, Delan, 「When Google got flu wrong」, 『Nature』, Vol. 494, pp. 155~156, 2013.

35 윤선영, 「빅데이터는 덩치만 큰 코끼리…미래를 보려면 스몰데이터 찾아라」, 『매일경제』, 2016년 4월 15일.

36 앨런 소칼·장 브리크몽, 이희재 역, 『지적 사기: 포스트모던 사상가들은 과학을 어떻게 남용했는가』, 민음사, 2000.

37 Abrahamson, E., 「Management fashion」, 『The Academy of Management Review』, Vol. 21, pp. 254~285. 1996.

38 김지선, 「빅데이터만 대접 클라우드는 홀대」, 『디지털타임스』, 2013년 10월 15일.

39 슈마허 에른스트, 이상호 역, 『작은 것이 아름답다: 인간 중심의 경제를 위하여』, 문예출판사, 2002.

40 '강대국의 비밀 2부 대영제국의 탄생', 〈다큐프라임〉, 『EBS』, 2016년 6월 28일.

41 Steve Denning, 「Is The Tyranny of Shareholder Value Finally Ending?」, 『Forbes』, 2012.

42 '세기의 대결 이세돌vs알파고', 〈MBC스페셜〉, 『MBC』, 2016년 3월 14일.

43 Anderson, Chris, 「The End of Theory: The Data Deluge Makes The Scientific Method Obsolete」, 『Wired』, 2008년 6월 23일.

44 전성재, 「인과관계 밝힐 수 있나… 빅데이터가 놓치고 있는 것들」, 『조선비즈』, 2016년 4월 16일.

45 Simon, H. A., 『Administrative Behavior: A study of Decision-making Processes in Administrative Organizations』, The Free Press, 1997.

46 최우성, 「빅데이터는 진실할까」, 『한겨레』, 2016년 3월 3일.

47 김재영, 「심야버스 노선 어떻게 정해야 하나? 휴대전화 위치정보 빅데이터에 묻다」, 『동아일보』, 2013년 7월 2일.

48 최희진, 「빅데이터로 '복지 사각' 1만8318명 찾아냈다」, 『경향신문』, 2016년 4월 25일.

빅데이터는 거품이다

초판 1쇄 발행 2016년 10월 10일

지은이 김동환
펴낸이 최용범

펴낸곳 페이퍼로드
편 집 김종오, 박강민
디자인 신정난
마케팅 정현우
관 리 강은선

출판등록 제10-2427호(2002년 8월 7일)
　　　　　서울시 마포구 연남로3길 72 2층
Tel (02)326-0328, 6387-2341 | Fax (02)335-0334
이메일 book@paperroad.net
블로그 blog.naver.com/paperroad
홈페이지 http://paperroad.net
페이스북 www.facebook.com/paperroad
ISBN 979-11-86256-41-1 (03330)